KB206545

슬기로운 크루즈 선교여행

슬기로운 크루즈 선교여행

배타고 꿈을 찾아 떠난 평범한 이웃청년의 슬기로운 세계여행과 세계선교이야기

초판 1쇄 인쇄 2021년 11월17일
초판 1쇄 발행 2021년 11월18일

지은이 이지현
펴낸이 송천석
펴낸곳 에디미디 | 출판등록 제385-2021-000039호
책임편집 송천석
마케팅 임희진
디자인 공간42 이용석
인쇄 미래PNP
SNS ⓞ editionmidi | **이메일** edimidi@naver.com
주소 경기도 안양시 동안구 귀인로172번길 26, B1. 6호
전화 031-457-2365 | **팩스** 0504-468-0435

ISBN 979-11-976414-0-4 (03230)

ⓒ 2021 이지현/에디미디
이 책에 수록된 내용, 디자인, 이미지, 편집 구성의 저작권은 해당 저자와 출판사에게 있습니다.
전체 또는 일부분이라도 사용할 때는 저자와 발행처 양쪽의 서면으로 된 동의서가 필요합니다.

슬기로운

크루즈 선교 여행

이지현 글 · 사진

에디미디

차례

차례

프롤로그

하나님을 믿는 사람이라면 누구나 한 번쯤 '선교하며 살자'
는 말을 들어봤을 것이다.

"오직 성령이 너희에게 임하시면 너희가 권능을 받고 예루살렘과

온 유대와 사마리아와 땅끝까지 이르러 내 증인이 되리라 하시니

라."[사도행전 1장 8절]

참 많이도 들어온 이 성경 말씀을 대할 때면, 개인적으로 '성
령이 임해 내가 능력을 얻고 세계 곳곳에 하나님을 이야기하는
때'가 언제일까 항상 궁금했다. 중고등학생부 수련회의 기도하
는 시간을 통해 이유를 알 수 없는 눈물과 콧물을 쏟은 후 난
처음으로 하나님을 궁금해하기 시작했다.

하지만 교회에서의 포장된 모습과 달리 철없던 시절 친구를 괴롭히던 일상 속의 내 모습, 이기적이고 모난 성격으로 주변에 불편함을 주는 부끄러운 내 모습을 심심치 않게 발견해왔기에 하나님을 이야기하고 증거하는 삶을 사는 것은 나에게 꽤 힘든 일이었다. 하나님은 흠이 없는 완벽한 존재라는 믿음은 있었기에 내가 하나님을 이야기한다는 것에 대한 반감이 컸다.

'나 같은 사람이 어떻게….'

나는 주변의 영향을 쉽게 받아 색이 변하는 카멜레온 같은 구석이 있는 사람이다. 즉, 어떤 이를 주변에 두느냐에 따라 모습이 쉽게 변하는 사람이다 보니 배우는 것 역시 옆에서 누가 하는 것을 보고 듣고 학습할 때 능률이 가장 많이 오른다. 감사한 것은 그 눈물 콧물 쏙 다 뺀 중 3 때 수련회 이후, 어떻게 대접받고 살지에 대한 고민보다는 '어떻게 살아야 하나님을 이야기하는 삶을 살 수 있을까?'라는 궁금증이 커졌다는 것이다.

내가 살아가는 가정, 학교, 직장 속에서 내가 고민하는 삶을 살아내는 이를 만나고 싶은 목마름이 늘 있었다. 이유는 잘 몰랐지만 그런 사람을 찾으면 나도 흔들리지 않고 살아가는 길을 찾아낼 수 있을 것만 같았다.

이리저리 고민하며 흔들리는 나에게, 2004년 어느 날 알게 된 OM(복음기동대)이라는 선교 단체는 '어떻게'라는 질문의 답에 대한 갈증을 해소해준 시원한 청량음료의 첫 모금과 같았다. 특히 단체의 설립자 이야기와 함께 전 세계를 돌아다니며 선교한다는 배, 로고스호프의 이야기는 단숨에 내 마음을 사로잡았다.

OM의 설립자인 '조지버워'는 1950년대 말 무디 신학대학교의 학생이었다. 방학 동안 미국에서 멕시코로 이동해 성경책을 나눠주는 일을 했던 그의 열정은 많은 이들을 불러모았고 OM이라는 국제선교단체를 설립하기에 이르렀다. 그 사역은 유럽에서 중동을 지나 인도까지 미니밴을 활용해 진행되면서 규모가 크게 확대되었는데 조지는 어느 날 세계 지도를 보던 중 다음과 같은 생각이 번득 들었다.

'지구에는 땅보다 물이 더 많은데 왜 자동차만 이용해야 할까? 배를 사자!'

수천억이 드는 배를 사서 성경책을 나눠 주자는, 다소 무모했던 그의 꿈은, 기도하고 함께 나눈 사람들의 마음과 함께 자라고 또 자라 6년 후 현실이 되었다. 1970년, OM의 첫 배 사역 '로고스'의 항해를 시작으로 책과 문화를 통해 지식을 나누고 사람들과의 만남 속에 삶을 나누고 희망을 나누는 일은 50년이 지난 지금도 이어져오고 있다.

지금은 할아버지가 된 조지와 OM, 로고스호프 선교의 이야기를 처음 들었을 때, 역시 선교는 '특별한 사람이 하는 것이구나' 하는 생각이 들었다. 하지만 이따금 만나는 각 나라와 로고스호프에서 선교했던 20~30대의 청년 선교사들은 어디서나 흔히 찾아볼 수 있는 평범한 사람들이었다.

17년이 지난 2021년 지금. 50개국을 돌아다니며 세계 곳곳에서 선교하시는 하나님을 경험하고 다시 한국에 돌아왔다. 평범하게 선교의 꿈을 꾸는 사람을 하나님은 참 특별한 사람으로 만들어주셨다. 돌아보면 내가 가진 것보다 더 중요한 것은 하나님 앞에 내어 드리는 것이었다. 선교를 시작할 때 말씀으로 받은 질문을 오늘도 받는다.

"여호와께서 그에게 이르시되 네 손에 있는 것이 무엇이냐 그가 이르되 지팡이니이다." [출애굽기 4:2]

PART 1

꿈을 깰 것인가,
꿈을 꿀 것인가

"…지나고 보니 난 단지 5%를
드렸을 뿐인데 너무 많은 것을
받은 것 같다."

꿈을 깰 것인가,
꿈을 꿀 것인가

한 번뿐인 인생,
멋있게 살다 가자

1997년 IMF 외환위기 때, 금 모으기 운동 등 세계에서 유일무이한 신화를 쓴 대한민국은 다행히 부도가 나지 않았지만 그 여파와 진통은 엄청났다. 절대 망하지 않는다던 은행과 삼성, 현대그룹과 어깨를 나란히 하던 대우그룹과 기아자동차 같은 대기업들이 낙엽처럼 우수수 떨어졌다. 그 여파로 전국에 우리 아버지를 포함한 3만여 명의 사장님들이 도산했고 신용불량자가 됐다. 덕분에 요즘 것들은 어려움과 배고픔을 모른다는 말이 무색할 정도로 나는 어려움과 배고픔이 무엇인지 알게 된 80년대 생 중의 한 명이 됐다. 세상이 한 순간에 바뀌었다. 어제 있던 집, 차, 편리한 삶이 오늘 사라졌고 몰랐던 배고픔, 서러움, 불편한 삶이 시작됐다.

하지만 내가 기억하는 한가지 긍정적인 변화는 우리 가족이 '선데이 크리스천'(교회만 오가고 믿음대로 살지 못하는 사람)의 모습을 벗고 하나님께 매달리는 찐(진짜) 교인으로 변해가기 시작했다는 것이다. 다이어트 하는 방법은 다 알지만 실천이 어렵듯이, 귀에 딱지가 않을 정도로 듣던 머리로 알던 지식을 가슴으로 내려 나의 생활 속에 살아 있는 지식으로 만드는 일은 큰 도전이었고 변화였다.

> "믿음은 바라는 것들의 실상이요, 보이지 않는 것들의 증거니.[히브리서 11:1]"

앞이 보이지 않는 깜깜한 상황에서 믿음으로 사는 것은 매일매일의 연습이요, 훈련이었다. 실패하는 날도 많았고 원망하는 마음으로 보내던 날도 많았다. 하지만 해는 다시 떠오르고 새로운 날과 기회는 다시 주어졌다. 성경 속의 선지자 엘리야가 까마귀를 통해 빵을 먹었다면 우리 가족은 주변 사람들을 통해 밥과 김치, 반찬을 받아 먹었다. 어쩌면 그렇게 모자라지 않을 정도만 딱 맞추어 채워졌는지 모르겠다. 심지어 이익 집단인 학원에서 장학금을 받고 공부를 할 수 있는 기회도 제공 받았다.

하지만 모든 일이 순조롭지만은 않았다. 뜻대로 되지 않는 일에 실망과 좌절하는 일도 많았고, 연애도 번번이 실패했다. 어렵던 집안 형편은 나아질 기미도 보이지 않았고 모 교회는 여러 가지 이해관계의 충돌로 반 토막이 났다. 이제 막 정을 붙이기 시작했던 교회의 친구들과 집사님, 목사님이 어느 날 갑자기 보이지 않았다. 고달픈 날들이 꽤 길었다.

그럼에도 불구하고 함께 고생하고 응원하며 공부했던 친구들, 지적인 목마름이 있었던 나에게 충분히 공급해주셨던 국문학과 출신의 목사님, 멋지게 살고 싶은 고등학생이던 나에게 하나님 믿는 사람의 멋을 알려주셨던 중고등부 담당 목사님, 이유 없이 사랑으로 나를 안아주고 밥 먹여주고 기도해주신 주일학교 선생님, 뻔히 알고 있는 넉넉지 않은 형편 속에도 용돈하라며 내게 남 몰래 5만 원을 쥐어 주셨던 목사님, 새벽에 이름을 불러가며 사정과 형편을 두고 눈물 흘리며 기도해 주신 교회 어른들은 물에 빠진 나에게 구명조끼를 던져준 생명의 은인이었고 메마른 사막에서 만난 오아시스였다.

'이토록 남을 돌보는 사람들의 에너지는 도대체 어디에서 오는 것일까?'

그분들도 문제 많은 삶을 살아오셨을 터인데 사랑의 삶을 사는 본을 보여주셨다. 그것은 삶의 목표를 찾아 헤매던 나에게 좋은 참고 사항이 되었다. 무슨 일을 하며 어떻게 살아가야 하는지 여전히 알 수 없었고 일상 속 내 삶의 문제들도 여전히 자리를 차지하고 있었지만 하나님의 사랑을 실천하고 나누는 사람을 만나고 도전 받으며 조금씩 방향을 잡아가기 시작했다.

돌아보면 방황을 하면서도 완전히 길을 잃지는 않았다. 2001년 한 분의 멘토 목사님이 내가 집에 없을 때 가정 방문을 하셨는데 쪽지 하나를 남기고 가셨다.

'지현아, 보고 싶었는데 집에 없네. 한 번뿐인 인생, 멋있게 살다 가자!'

가슴이 뻥 뚫리는 것 같았다. 그렇다. 난 멋있게 살고 싶었다. 멋있게 산다는 것이 무엇인지 알고 싶었다.

2004년 갓 대학생이 된 나는 새로 오신 목사님을 통해 하나님의 사랑은 선 세계인을 향한 것이라는 선교 이야기를 들었다. 머릿속은 호기심에 궁금한 질문들로 가득 찼다. 한국을 벗어난 적이 없었던 내게 세계 속의 하나님은 도무지 잘 그려지지 않았다. 국제선교단체 OM, 로고스와 둘로스라는 10,000톤이 넘는 선박을 타고 세계를 돌면서 선교하는 사람들의 이야기는 생전 처음이었고 매력적이었다.

'⋯ 배를 타고 전 세계를 돌아다니면서 본인들이 만난 하나님을 이야기하고 나눈다? 멋있다!'

군대를 다녀오고 대학을 졸업하면 꼭 한 번 타고 선교해 봐야겠다는 생각을 했다. 대학 생활을 하는 동안 간혹 배를 탔었던 사람들과 타려는 사람들을 만날 수 있었는데 그들을 보면서 '의외다'라는 생각이 들었다.

대부분의 사람이 20대 청년이었기 때문이다. 신학을 공부하거나 사역을 전문적으로 준비하는 사람들이 아니었다. '나도 할 수 있는 일일까?' 어린 시절 축구선수의 꿈이 꺾인 후 딱히 무언가를 해보고 싶다고 생각을 해 본 적이 없었는데 마음이 움직였다. 오랜만에 도전하고 싶은 꿈이 생겼다.

우리는 모두
리더입니다

자라면서 꽤 많이 들었던 말은 '용미사두'다. 용의 꼬리가 되기보다는 뱀의 머리가 되라는 말이었다. 앞서서 이끌어나가는 것을 좋아하는 사람도 있겠지만 어린 시절의 나는 부끄러움이 많았다. 나서야 할 때면 칭찬보다는 평가받은 기억이 더 많았고 나도 모르게 타인의 시선이 두려워지는 바람에 나서는 것을 좋아하지 않게 되었다. 등 떠밀려 나서는 자리에 섰을 때 경험한 실패는 그다지 유쾌하지 않았다. 매번 앞에 나서야 할 때면 마치 맞지 않는 옷을 입은 것처럼 불편했고 심장은 터질 듯이 뛰고 식은땀이 줄줄 흘러내렸다. '무대 공포증'이 생겼다.

그러다 보니 더 완벽해야 한다는 강박관념에 사로잡혔고 완벽하지 않은 완벽주의를 가진 사람이 되었다. 나 자신의 불완전한 모습을 발견할 때마다 자존감은 바닥으로 향했고 스스로 리더의 자격이 없다는 생각을 자주 했다. 내 상상 속에 존재하는 완벽한 리더의 잣대는 다른 사람들의 완벽하지 않은 모습에 실망하고 심지어 분노하게 되는 결과를 가져왔다. 마음먹은 대로 되는 것이 없다는 사실에 좌절했다.

중학생 시절 부끄럽게도 친구를 괴롭히는 일을 장난으로 여기면서도 자신에게는 내가 꽤 정의로운 사람으로 생각하면서 살던 날들이 있었다. 지렁이도 밟으면 꿈틀한다고 나에게 괴롭힘을 당하던 친구가 하루는 버럭 하고 처음으로 반기를 들었다. 놀랍게도 나는 충격을 받았다. 그제야 내가 친구를 괴롭히는 사람이었다는 사실을 깨닫게 되었다. 눈앞을 막고 있던 안대가 벗겨진 느낌이었고 꽁꽁 싸매어 둔 쓰레기봉투가 터진 느낌, 내 치부가 세상에 발가벗겨진 느낌이었다. 꽤 괜찮은 사람이라고 믿어왔던 내가 부끄럽기 짝이 없는 사람이라는 사실에 마음이 무너졌다.

하고 싶은 일도 누가 상을 준비해서 떠먹여 주지 않으면 하지 못했던 수동적인 나였다. 그저 환경에 끌려가던 나는 길을 찾지 못해 방황할 뿐이었다.

이렇게 철없던 나에게 선물같이 찾아온 청소년 사역에 '미친' 목사님의 모습은 내 삶에 큰 반향을 불러일으켰다. 예전의 시대 같으면 장가를 가서 부모가 될 나이에 어린이처럼 수동적으로 살지 말자는 도전은 나에겐 신선한 충격이었다. 흘려들을 수도 있었던 말이 왜 그렇게 뇌리에 박혔는지 모르겠다.

하지만 처음에는 믿지 않았다. 그렇게 듣고 싶고 목말라하던 따듯한 격려이자 위로였고 도전이지만 도무지 믿을 수가 없었다. 아마도 성경 이야기가 이해되기 시작한 첫 순간이 아니었을까? 마치 내가 자기 민족을 돕는답시고 사람을 죽여버린, 성경 속의 모세가 된 것만 같았다. 40년 동안 광야에서 생활하던 모세를 민족을 위해 쓰겠다고 다시 부르시는 하나님을 믿는 것은 더 어려웠을 것이다.

"이제 내가 너를 바로에게 보내어 너에게 내 백성 이스라엘 자손을 애굽에서 인도하여 내게 하리라. 모세가 하나님께 아뢰되 내가 누구이기에 바로에게 가며 이스라엘 자손을 애굽에서 인도하여 내리이까. 하나님이 이르시되 내가 반드시 너와 함께 있으리라 네가 그 백성을 애굽에서 인도하여 낸 후에 너희가 이 산에서 하나님을 섬기리니 이것이 내가 너를 보낸 증거니라."[출애굽기 3:10-12]

청소년이던 우리에게 미쳐 있는 괴짜 목사님 덕분에 훈련 시간을 흐뭇하게 보냈다. 4~5명의 중고등 학생들과 함께 예수님의 모습, 예수님을 따라 사는 믿음의 사람들의 모습을 통해 내 머리 속에 박혀 있던 '찌질한' 교회 사람들이 '멋있는' 교회 사람들로 바뀌어갔다. 중학생 시절부터 교회도 학교도 겉돌던 나를 주변의 사람들을 섬기는 사람으로, 자신의 인생을 주도해 나가는 내 삶의 리더로 인지시켜줬다.

"완벽한 사람, 능력이 출중한 사람만 리더가 되는 것이 아니야. 그런 사람도 분명 카리스마가 있는 한 명의 리더로 볼 수 있지. 하지만 함께 목표를 이뤄갈 수 있는 소통할 수 있는 사람이라면 누구나 훌륭한 리더가 될 수 있어. 뒤에서 돕는 사람도 리더가 아니라고 할 수 없단다. 예수님을 봐. 제자들 발도 씻기신 분이지만 누구나 인정하는 놀라운 리더이시지 않니? 세상에는 다양한 리더의 모습이 있어!"

아는 내용이지만 처음 듣는 이야기 같았다. 눈이 뜨이고 새로운 관점으로 나를 바라보고 세상을 바라보기 시작했다. 다양한 사람이 가지고 있는 다양한 모습의 성격과 특성, 장단점에 대해 배워 나가면서 '리더가 될 것인가?'라는 질문은 '어떤 리더가 될 것인가?'로 바뀌었다.

"은사는 여러 가지나 성령은 같고 직분은 여러 가지나 주는 같으며 또 사역은 여러 가지나 모든 것을 모든 사람 가운데서 이루시는 하나님은 같으니 각 사람에게 성령을 나타내심은 유익하게 하려 하심이라. 어떤 사람에게는 성령으로 말미암아 지혜의 말씀을, 어떤 사람에게는 같은 성령을 따라 지식의 말씀을, 다른 사람에게는 같은 성령으로 믿음을, 어떤 사람에게는 한 성령으로 병 고치는 은사를, 어떤 사람에게는 능력 행함을, 어떤 사람에게는 예언함을, 어떤 사람에게는 영들 분별함을, 다른 사람에게는 각종 방언 말함을, 어떤 사람에게는 방언들 통역함을 주시나니 이 모든 일은 같은 한 성령이 행하사 그의 뜻대로 각 사람에게 나누어 주시는 것이니라. 몸은 하나인데 지체가 있고 몸의 지체가 많으나 한 몸임과 같이 그리스도도 그러하니라."[고린도전서 12장 4~12절]

다름을 인정하기 시작했고 실패와 평가가 두려워서 도전하지 않던 내 모습은 조금씩 변해갔다. 매번 도망만 다니던 내가 서로 다른 친구들과 함께 머리를 맞대고 교회에서 진행하는 행사를 준비했다. 무대에 서는 과정을 통해 협력하는 법을 배웠고 부끄러움을 극복해 나갔다. 교회에서 시작된 삶의 변화는 내 일상의 전반적인 영역으로까지 번져갔고 교회는 내가 넘고자 하는 두려움의 산을 정복하기 위한 베이스캠프가 되었다. 게다가 성경을 통해 배운 것을 하나씩 실천하려고 애쓰면서 살아가는 사람들을 만나고 알게 됐다. 그저 좋은 교훈이 가득한 우화였던 성경 이야기는 일상에서 살아 움직이는 말씀으로 바뀌었다. 나도 조금씩 내 삶을 주도하는 사람으로 변해갔다. 어찌할 수 없는 환경을 탓하는 일이 조금씩 줄어들었다.

5% 드리고
1,000% 받다

2008년 대학을 졸업하고 육군 장교로 임관한 나는 오랜만에 경제적인 안정을 경험했다. 대학에서 공부를 할 때는 IMF 외환위기 이후 나아지지 않았던 어려운 집안 경제 사정으로 일을 하면서 공부를 해야 했다. 오전에 B아이스크림 가게에서 일하고 받은 월급은 책값, 교통비, 통신비를 제외하면 밥 사먹을 돈도 빠듯했다. 군대를 갈 시기가 다가오자 나는 그렇게 많이 고민하지 않고 장교의 길을 선택했다. 의무 복무도 하고, 리더로서의 경험도 쌓고, 재정적인 안정도 찾을 수 있다는 여러 가지 이유로 장교의 길은 나에게 매력적인 선택지였다. 나의 예상은 어느 정도 적중했다. 임관 후 제대로 된 월급을 받으면서 1,000원짜리 햄버거 하나를 겨우 사먹고 배고픔을 수돗물로 채우면서 하루를 버티던 기억은 저편으로 사라지고 돈 걱정 없이 밥을 먹을 수 있는 날이 왔다. 신기한 것은 필요한 일에만 사용해도 빠듯했던 기억이 세포 속에 새겨졌는지 내가 먹는 곳에 쓰는 돈은 그렇게 아까웠다.

"··· 네 보물이 있는 그곳에는 네 마음도 있느니라."[마태복음 6:21]

군 장교의 초년 월급이 얼마나 되겠느냐마는 월급의 소중함을 무척 잘 알고 있었기에 쉽게 쓸 수 없었다. 그리고 정말 잘 사용하고 싶었다. 내 마음이 있는 곳을 생각하며 돈을 잘 사용하기로 마음을 먹었다. 하루는 책상 앞에 앉아 곰곰이 생각에 잠겼다. 그리고는 이내 나의 도리를 다하고 싶었고 선교하는 일과 중고등학생들을 격려하는 일에 관심이 크다는 사실을 깨달았다. 나는 바로 월급을 가지고 이를 실천할 수 있는 일을 생각하고 종이에 적어 내려가기 시작했다. 먼저 십일조와 부모님께 드리는 십일조를 떼어내는 것 외에 10%를 따로 구분했다.

'하나님, 적어도 5%는 선교를 위해 사용하고 5%는 예배드릴 때 드리는 헌금으로 사용하겠습니다.'

2004년을 기점으로 알게 된 국제선교단체 OM을 통해 정기적으로 듣던 선교사님들의 소식을 들으면서 그때그때 기도만 하던 것에 더하여 그때부터는 적은 돈이지만 1~2만 원씩 몇 분을 후원하기 시작했다. 매달 월급일은 나에게는 '선교사 후원일'이기도 했다. 잊었더라도 마음을 담아 송금하면서 잠시나마 그분들과 사역을 떠올리며 기도하는 시간을 가질 수 있었다. 그리고 중·고등부 동생들과 기회가 될 때마다 밥이나 라면을 나눠 먹으면서 내가 받았던 은혜들을 기억했다.

아쉬운 순간이 없었던 것은 아니다. 5%만 아니었다면 10%만 아니었다면 내 삶이 조금 더 여유로웠을 텐데 하는 유혹의 순간들도 많았다. 내가 드리는 적은 돈으로 우쭐해서 교만해져서 더 많은 일상 속에 멋있는 삶을 살아내는 것에는 소홀한 순간도 많이 있었다.

재정적인 것뿐만 아니라 하루의 시작과 끝을 기도하고 찬양하는 10~20분의 조용한 시간은 나에게 많은 것을 가져다 줬다. 내 힘으로 통제하려던 삶은 버겁게만 느껴지는 순간들을 통해 하나님 앞에 지속적으로 나올 수 있도록 나를 도와줬다. 열심히 일하다가도 살아가는 이유를 잃고 방황할 때면 조용한 곳에서 혼자 하나님 앞에서 징징대다가 깨어지기도 하고 위로받기도 했다. 힘들었던 고 3 수험생 시절에도, 해안 GOP 소초장 생활을 하면서 포기하고 싶었을 때도 잘 살고 싶다는 내 다짐을 대변하는 듯한 말씀 한 구절은 지금도 나를 다시 일으켜 세워준다.

"내가 여호와를 항상 내 앞에 모심이여. 그가 나의 오른쪽에 계시므로 내가 흔들리지 아니하리로다."[시편 16:8]

3만 원 용돈 받던 학생 시절 3천 원 십일조를 내기 힘들던 순간들이 지나 자연스러운 습관이 된 후에는 500만 원을 벌어도 50만 원을 고민하지 않고 낼 수 있었던 것처럼, 육군 중위로 제대한 후 제약 회사에 다닐 때에도 5% 선교 후원의 프로젝트는 매월 이어졌다. 의무적으로 납부하는 세금처럼 기계적으로 변질될까 두려워 자동이체 대신 하나하나 기도하며 송금하는 시간을 가지려 애썼다. 단순한 후원이 아닌 내 삶의 방향성에 대한 고백이었다.

지나고 보니 난 단지 5%를 드렸을 뿐인데 너무 많은 것을 받은 것 같다. 수백 대 일의 취업경쟁률을 뚫고 어떻게 취업이 되었을까? 나보다 훌륭한 사람도 똑똑한 사람도 너무너무 많은 내 주목안 내가 과반 속을 받고 있는 것은 아닐까?

부으면 붓는 대로 세고, 먹어도 먹어도 배부를 줄 모른다는 중고등부 학생들을 10년 가까이 몸과 마음으로 섬기면서도 어떻게 부족함 없이 살 수 있었는지, 그 학생들이 자라 하나님과 가까워지는 모습이 어떻게 가능했는지, 흠 많은 내가 어떻게 도움을 주는 사람이 될 수 있었는지 참 미스테리한 일이다.

한 번뿐인 짧은 인생, 멋있게 살고 가자던 멘토 목사님이 작은 쪽지를 통해 응원해 주신 것은 어느 순간 내 삶의 모토가 되어 있었다. 5%를 힘겹게 드렸던 나는 상상하지 못한 1,000%의 풍성함을 선물로 받으며 내 힘으로는 이룰 수 없는 꿈 같은 일들을 하며 생각했던 것 이상으로 꽤 멋진 삶을 살고 있었다.

**말레이시아,
인도 단기 선교여행**

'오오오오!!!! 난다!!!!'

2005년 OM에서 주최하는 단기선교 훈련 Love Asia 참가를 위해 난생처음으로 비행기를 탔다. 목적지는 말레이시아. 내 이름이 영어로 적힌 여권을 보여주고 출입국 심사를 거쳐 7~8

시간 동안 비행기를 타고 도착한 곳에서 경험한 모든 것이 낯설고 그저 신기했다. 나와 다른 모습의 사람들과 거리의 간판들 이해할 수 없는 현지 언어는 영화에서나 보던 모습이었는데 현실이 되어 있었다.

미니밴을 타고 꼬불꼬불한 길을 달려 코타키나발루 산 중턱의 외딴곳에 있는 컨퍼런스 장소에 도착했다. 건물에서 흘러나오는 악기 소리를 따라 문을 열고 들어가자 푸른 눈, 초록색 눈을 가진 서양인들과 뭔가 다르게 생긴 아시아사람들이 섞여 영어로 찬양을 부르고 있었다. 모든 것이 신기한 가운데 자연스럽게 섞여 그나마 익숙한 멜로디를 흥얼흥얼하며 주변을 돌아보고 있을 때, 영어를 이해하기 어려워하는 우리를 위해 통역으로 봉사해 주실 한국 선교사님이 다가오셨다. 덕분에 큰 어려움 없이 이후에 나누는 말씀도 듣고 소개도 했다. 복음의 메시지를 전할 수 있는 다양한 방법을 알려주는 워크숍도, 프로그램도 2주 동안 이어졌다. 하나하나 잊을 수 없는 경험들이었지만 나에게 가장 큰 인상을 준 것은 마음을 울린 메시지도 창의적 교육도 아니고 외국의 첫 경험도 아닌 그곳에서 처음으로 만난 같은 믿음을 가진 세계인들이었다.

피부색과 생김새와 언어와 문화가 다른 세계 각국의 사람들은 10대 청소년부, 컨퍼런스에 3년 연속으로 오셨다는 60대 할

머니, 할아버지까지 연령도 다양했다. 달라도 너무 다른 사람들이 가지고 있는 단 한가지의 공통점이 있다면 예수님을 믿는다는 것이었다. 호주에서 온 20대 또래의 여자 청년은 일본에 대한 마음이 크다고 하며 향후 일본에서의 선교를 꿈꾸고 있다고 했다. 60대의 홍콩에서 온 할아버지는 선교를 배우고 싶어 오셨다고 했다. 미국에서 온 10대 후반의 아이들은 예수님이 도대체 본인에게 어떤 의미인지 알고 싶어 했다. 더 잘 소통할 수 없는 내가 답답하기만 했다.

그렇게 저마다의 이유를 가지고 세계 각국에서 온 50여 명의 참가자들은 2주 동안 합숙하며 세계 선교에 대한 교육을 받았고 마지막 일주일을 현지의 장기선교사님과 함께 지내면서 현지 사역 실습을 했다.

매일 하루를 시작하기 전 함께 읽고 나누는 성경 말씀부터 부담스러운 시작이었지만 잠을 자기 전에 잘 되지 않는 영어를 극복하기 위해 사전을 뒤져가며 준비했다. 아침이면 말씀을 읽으며 받은 마음을 나누고 아침 식사를 함께 들었다. 그러면서 하루의 일정을 공유한 후 식사를 마치면 그날의 일정을 시작했는데 일주일간의 프로젝트는 산골마을에 화장실을 만들어주며 마을 사람들과 우리의 이야기를 나누며 소통하는 것이었다.

언제 고장이 나도 이상하지 않을 것 같은 낡은 트럭 뒤에 올라타 억수같이 내리는 비를 뚫으며 정글을 지나 한참을 이동했다. 실제로 정글 한가운데서 문제가 생겨 멈춘 트럭을 기도하면서 손봐 고쳐가면서 몇 시간을 달려 갔다. 문제가 생긴 정글 한 가운데서도 일정에 차질이 생겨 걱정하는 것보다는 기도하며 최선을 다해 상황을 헤쳐가는 사람들을 보면서 그들의 태도에 놀랐다.

겨우 도착한 '24마일'이라 불리는 산속 오지 마을에서 며칠 동안 머물면서 땅을 파고 목재로 뼈대를 세우고 모래와 시멘트를 섞어 주민들을 위한 화장실을 만들어줬다. 마을이 있을 것이라고는 상상도 되지 않는 산 중턱에 있는 마을에는 진흙과 대나무로 엮어 만든 집에 20여 명이 살고 있었다. 건축의 전문가는 아니었지만 조금씩 가지고 있는 지식과 경험을 모아 실속 있는 간이 화장실을 며칠 동안 만들어 갔다. 땀 범벅이 되어 잠시 그늘에서 쉴 때면 함께 일한 현지인들과 짧은 영어로 이야기도 도란도란 나누었다. 현지 친구의 설명을 통해 우리 팀 외에도 몇 년 동안 다양한 교회에서 온 사람들이, 마을 사람들이 이동하는 곳에 시멘트 계단을 만들어 왔다는 사실을 알 수 있었다.

자연스럽게 마을 사람들의 필요를 채워 주면서 대화를 통해 우리가 만난 하나님을 이야기하고 함께 기타를 치며 목소리를 높여 찬양했다. '모든 민족과 방언과 족속이 하나님을 찬양한다'라는 말이 처음으로 피부로 와 닿는 순간이었다!

너무 다른 환경에서 보낸 3주간의 선교여행은 내 인생에서 하나의 변환점이 되었다. 영어를 더 잘 하고 싶다는 마음도 간절해졌고 무의식 중에 내 젊은 날 중의 일부를 선교지에서 보내고 싶다는 생각을 했다. 언제, 어디서, 어떻게 하겠다는 구체적인 생각은 없었지만 문득 이런 생각이 떠올랐다.

'음… 2년 정도?'

그 이후로도 세계선교를 접하고 경험하게 되는 기회가 감사하게도 종종 생겼다. 2007년 대학생이던 나에게 청년 담당 목사님, 6명의 청년들과 함께 인도로 3주간 단기 선교여행을 다녀올 수 있는 기회가 생겼다. 말레이시아 선교여행을 다녀와본 경험이 있어서 조금은 수월하게 준비할 수 있었지만 인도는 또 다른 미지의 장소였다.

전혀 모르는 사람들과 팀을 꾸렸던 말레이시아 선교여행과 달리 너무 잘 아는 같은 교회의 청년들과 팀을 꾸려 준비한 인도 선교정탐여행이었다. 운동하는 친구, 음악하는 친구, 물리치료사로 일하는 형님, 경영학을 공부하는 나 그리고 목사님까지 저마다의 색을 가진 청년들이 함께 한 인도 선교정탐여행은 열정 넘치는 젊은이들인데다 같은 언어를 사용하기에 말이 무척 잘 통해서 그런지 감정의 싸움으로 시작했다. 오해를 풀어가고 서로를 이해하고 용서하는 과정들이 결코 짧지 않은 여정이었다.

이동시간도 길었다. 기내 영화 3편을 보고 잠을 몇 번을 잔 후에야 도착한 캘커타 공항에서 6명의 팀원들이 서로를 확인하고 잊은 것은 없을까 확인하며 두 번째 비행기로 환승했다. 10시간이 넘게 걸려서 목적지인 뭄바이 공항에 겨우 도착했는데 그걸로 끝이 아니었다. 낡은 중고버스를 타고 숙소까지 6시간을 달려가야 한다고 했다. 현지에서 사역하시는 선교사님의 도움을 받아 편하게 이동하는 것이었지만 실상 편하지만은 않은 긴 여정이었다.

마중 나온 선교사님과 함께 버스를 타고 한참을 이동하던 중 속이 좋지 않아 화장실을 들렀는데 당황스러운 일이 벌어졌다. 먼저 입구에서부터 웬 사람이 떡 하니 앉아서 입장료를 내라고 한다. 화장실을 돈을 주고 간다는 것을 상상하지 못했던 나는 떨떠름한 표정으로 돈을 지불하고 현지 화장실로 들어갔다. 바닥에는 물이 그득했는데 변기 옆에 하나씩 놓인 수도꼭지를 통해 나온 물이었다. 얼마 지나지 않아 휴지가 없는 대신 수도꼭지가 있는 것이라는 사실도 인도에서 왜 왼손으로 악수를 나누는 일이 무례한 일인지도 자연스럽게 배웠다.

"이곳은 호텔에도 휴지가 없는 곳이 많습니다. 그 외에도 물이 깨끗하지 않기 때문에 배탈이 날 수 있으니 뜯지 않은 물병이 아니면 마시지 마세요. 힌두교의 수천이 넘는 신들을 섬기는 사람들이 가득한 이곳에서 가끔 머리가 아프다고 하시는 분들도 계세요. 지내시는 동안 하나씩 알려드릴 것이 많으니 귀기울여 주시고 긴가민가 하는 것들은 꼭 질문해 주세요."

사람들과 주변을 관찰하면 할수록 선교사님의 말씀대로 이곳 저곳에 널려있는 힌두신상과 여전히 존재하는 카스트제도를 따르는 인도 사람들의 삶은 우리와 달라도 너무 달랐다. 제한 속도가 시속 80km인 고속도로의 한중간을 건너는 사람들과 때때로 신으로 여기는 소가 지나갈 때면 멈춰서는 차들도 그저 신기할 따름이었다. 인도에서 소는 신이기 때문에 치고 지나가면 경찰서에 잡혀간다고 한다. 사이드미러가 없는, 곧 부서질 듯한 중고차들은 한두 대가 아니었고 경적을 울리면서 놀랍게도 사고 없이 다니는 사람들의 모습은 오히려 내가 이상한 사람인 것 같은 생각이 들게 했다.

선교사님이 섬기시는 교회는 그래도 익숙한 환경이었고, 우리 팀이 준비한 것들을 보태어 예배를 드리고 마을의 아이들을 초대해 이벤트를 했다. 하지만 몇 시간 떨어진 산골짜기 마을을 찾아가서 골목과 마을 회관, 감옥과 학교에서 현지인들을 만나 통역해주는 현지인 목사님 도움을 받아 내가 만난 하나님을 나눴던 일들은 내가 별로 경험해보지 못했던 특별한 경험이었다. 박봉의 생활비를 가지고 거우 생계를 유지하면서도 주변 사람들을 열정적으로 섬기는 현지인들과 선교사님들을 통해 내 모습을 많이 돌아보게 됐다. 노력하지 않았지만 주어진 윤택한 환경 속에서 나는 어떤 모습으로 살고 있는지 생각했다. 하나님을 믿는다고 생각해왔지만 얼마나 주변 사람들에게 전하며 살았나 생각하니 부끄러움이 밀려왔다. 머리 속에만 머물던 지식이 조금은 가슴으로 내려왔다. 그렇게 질서의 하나님은 너무도 성실하게 내 마음속에서 내가 할 일에 대한 고민을 지속적으로 하게 만드셨다.

지금 내 손에 들고 있는 것이 무엇이냐

2008년 대학을 졸업하며 학군육군장교 소위로 임관하게 된 나는 모 교회와 소통하던 도중에 의도치 않았던 파송식을 받았다.

"성도 여러분, 우리 교회의 이지현 청년이 대한민국의 육군 소위가 되어 임관합니다. 앞으로 2년 반이라는 시간 동안 대한

민국의 수십 수백 명의 청년들과 동고동락하며 일선에 선 리더로서 나라의 안보를 위해 헌신하는 시간을 보낼 것입니다. 병사가 아닌 한 부대의 장으로서 많은 청년과 함께 지내는 동안 솔선수범하는 모습을 보이는 한편, 하나님 사랑을 실천하는 군선교사로서의 역할을 잘 감당할 수 있도록 기도해 주시고 응원해 주십시오."

군 선교사라니. 생각지도 못한 기도와 응원을 받으며 선교사로 불리며 거룩한 부담을 안고 입대했다. 상하의 위계질서가 엄격한 군대에서 한 명의 리더로서 만나게 될 청년들을 생각할 때 책임이 크다는 이야기는 사실이었다. 훈련 기관에서 받은 교육을 통해 리더가 된다는 것에 대한 의미를 많이 생각했고 책임의 무게는 무거웠다. 장교 선배들은 이를 '내가 쓴 왕관의 무게'로 표현했다.

장기근무를 할 생각은 없었지만 나 편하자고 부하들을 괴롭게 하는 고문관이 될 마음은 더욱 없었다. 전국 팔도에서 모인 동생과 같은 청년들과 함께 고생하고 생활하며 믿고 따를 수 있는 소대장, 편하게 상담할 수 있는 형 같은 사람이 되기 위해 최선을 다했다. 고민 상담을 하며 눈물을 보이던 소대원들을 안아주고 때로는 아끼는 마음으로 잘못한 부분을 꾸짖고 혼내기도 했다. 군 생활 중 다양한 위기의 순간과 생사를 넘나들던 순간에 엉겁결에 받은 파송 예배와 노래, 교회의 기도와 격려는 두고두고 생각이 나 힘이 되었지만 마음이 무너지던 순간도 숱하게 많았다.

'하나님, 저는 탁월한 리더가 아닌 것 같아요. 제가 할 수 있는 것이 너무 없는데 어떻게 하죠?'

나의 작음에 대한 실망감으로 포기하고 싶을 때도 많았지만 말씀은 흔들리는 나를 다시 한번 잡아줬다.

> "모세가 대답하여 이르되 그러나 그들이 나를 믿지 아니하며 내 말을 듣지 아니하고 이르기를 여호와께서 네게 나타나지 아니하셨다 하리이다. 여호와께서 그에게 이르시되 네 손에 있는 것이 무엇이냐 그가 이르되 지팡이니이다…. 너는 이제 이 지팡이를 손에 잡고 이것으로 이적을 행할지니라."[출애굽기 4:1-17]

정말로 하나님은 내가 가진 작은 것을 사용하게 하셨고, 내가 할 수 없다고 생각할 때 하나님은 정말 도움의 사람들을 붙여 주셨다. 부대 사정상 예배를 드릴 수 없었던 곳에 나를 포함한 3명의 기독장교가 부임한 우리 중대에는 예배에 대한 목마름이 있었다. 군 목사님도 자주 볼 수 없는 동해안 GOP부대에서 어떻게 하면 예배를 드릴 수 있을까 고민하던 중 감사하게도 한 목사님과 연결되었다. 목사님과 소통하며 부대 내 식당을 정리하여 예배를 드리게 되던 날, 지친 기독장병들을 격려하던 그날은 나를 군선교사로 파송한 교회의 기도가 응답되던 순간 중 하나였다. 첫 예배를 드린 후 3일 후면 전역하는 김 병장이 사무실을 찾아와 입을 열었다.

"소대장님, 감사합니다. 지난 2년 동안 예배를 드릴 수 있었으면 좋겠다 기도했었는데 소대장님을 통해서 오늘 감사하게도 그 기도응답을 받았습니다. 정말 '예배 한번 못 드리고 전역하는구나' 하는 생각을 했었어요. 이렇게 함께 예배 드리고 집에 갈 수 있어서 너무 좋습니다. 감사합니다."

내 위치에서 할 수 있는 일들을 하고 싶었고 움직였을 뿐이었지만 하나님은 내 작은 움직임을 누군가의 포기하고 싶은 순간에 찾아온 기도응답이 될 수 있도록 사용하셨다. 비록, 장교의 푸른 제복을 오래 입지는 않았지만 대한민국의 수백 명의 젊은 청년들과 만나고 헤어지면서 감사하게도 기도 받은 내로나의 군생활은 군대에서 선교하는 시간이 되었다.

하지만 감사가 넘치고 별 문제 없이 보이던 내 삶은 예상치 못한 폭풍을 만난다. 2010년 6월, 군 생활을 마치고 일반 사회로 돌아온 나는 예상과 달리 오랜 시간 꿈꿔왔던 해외 선교의 꿈을 잃고 표류하기 시작했다. 젊은 나이에 쉽게 할 수 없는 리더로서의 경험과 너무도 신실하게 일하신 하나님을 경험했지만 관계의 아픔을 겪으며 준비하던 결혼도 실패하고 대인기피증을 얻는다. 무슨 이유에서인지 나는 꿈꾸고 생각하던 선교지에 나갈 수 없었다. 로고스호프 선교선의 소식도 무슨 이유에서인지 제대로 확인하지 못하고 정신을 차려보니 면접을 보고 취업이 되어 직장생활을 하고 있는 나를 발견했다.

'군대에서 드린 2년 4개월의 시간이 내가 현장에서 드린 선교의 시간이었나 보다.'

관계에 실패하고, 직장생활에서도 부족하고 모자라며 그다지 멋지지 않은 모습으로 살아가고 있는 나의 모습은 선교 현장에 적합하지 않은 사람으로 보였다. 다행히 선교하며 살아가야겠다는 고민은 이어졌는데 직장생활을 하던 중에도 2010년부터 2014년까지 매년 필리핀에 계신 선교사님을 방문할 기회가 주어졌다. 회사 휴가가 선교지 방문 일정과 맞아 떨어져서 신기하게도 선교지를 지속적으로 방문하며 마음에 남아 있는 선교의 꿈을 깨뜨리지 않을 수 있었다. 피곤하지 않을까 염려도 했었지만 반복된 선교지 경험은 일상으로 돌아온 후, 그곳을 위해 기도하고 후원하며 현재 하는 일에 더 열심을 내도록 돕는 청량제와 같은 역할을 했다. 물론 시시때때로 초라해 보이고, 생각만큼 멋지게 살고 있지 못 한 내 모습에 좌절하며 하나님께 같은 질문을 하곤 했다.

'하나님, 저는 잘 할 수 있는 게 없는 것 같아요. 제가 무슨 일을 할 수 있을까요?'

나는 같은 말씀을 통해 다시 위로와 격려를 받는다.

"모세가 대답하여 이르되 그러나 그들이 나를 믿지 아니하며 내 말을 듣지 아니하고 이르기를 여호와께서 네게 나타나지 아니하셨다 하리이다. 여호와께서 그에게 이르시되 네 손에 있는 것이 무엇이냐 그가 이르되 지팡이니이다… 너는 이제 이 지팡이를 손에 잡고 이것으로 이적을 행할지니라."[출애굽기 4:1–17]

일반적인 위로와 격려가 아니었다. 해머로 뒤통수를 한 대 얻어맞은 듯한 충격이 왔다. 정신을 차리고 하나님께 매어 달리며 지나온 시간들을 돌아보니 한 번도 내 손에 그리 대단한 능력이나 돈, 권력을 가지고 있었던 적이 없있다는 사실, 앞으로도 그럴만한 능력은 나란 사람에게 주어질 수 없다는 것을 깨달았다. 온 세상을 만든 절대자이자 창조주이신 하나님의 질문 때문에 굳이 내 손에 들려 있을지도 모르는 지팡이를 보게 됐다. 모세는 지팡이라도 있었지 나는 든 것이 아무것도 없다라는 말이 목구멍까지 올라왔지만 이내 그 말은 쑥 들어갔다.

그리고는 내 손에 무엇이 있는지가 중요한 것이 아니라는 사실을 새삼 깨달았다.

이후 31살의 나이에 회사를 그만두고 2015년 말부터 받게 된 본격적인 선교 훈련과 2016년부터 2020년까지 로고스호프와 함께한 나의 세계 선교는 1년 넘게 이어지는 2021년 코로나 상황에서도 이어지고 있다. 전지전능한 절대자인 하나님은 오늘도 굳이 우리에게 같은 질문을 하신다.

'지금 네 손에 있는 것이 무엇이냐?'

PART 2

고된 훈련의
시간

"가장 친한 친구가 오토바이 사고로
하늘나라로 갔다는 소식을
접한 적이 있어요.
꽤 젊은 나이였죠. 그때 질문이 하나
떠오르더라고요. 한 치 앞을 모르는
우리가 어떻게 내일을 보장할 수
있나요?"

고된 훈련의
시간

로고스호프와의
운명적 만남

직장을 잡는 것이 하늘의 별 따기라는 말이 돌던 때인 2010년, 나는 뜻하지 않게 취직이 됐다. 꿈에도 생각하지 않던 제약회사 영업직이었다. 먼저 주일에 일하지 않는 직장을 찾았고 지원했고 몇 번의 실패를 겪었지만 감사하게도 취직이 됐다. 하지만 기쁨도 잠시였다. 출근 첫날부터 내가 고른 직장이지만 이건 잘못됐어도 너무 잘못된 선택이라는 생각이 들었다. 하나님은 도대체 왜 그러셨을까. 하나부터 열까지 내가 잘 할 수 있는 일이라고는 없었다. 신입사원 잡는 선배들 때문에 또 다른 고난이 시작되었다.

의미 있는 일이었고 꽤 괜찮은 급여를 받는 일이었지만 하루가 멀다 하고 이해할 수 없는 일들로 구박받다 보니 말 수도 줄어들고 나도 몰래 움츠러들었다. 꿈에 그리던 회사는 아니었지만 힘들다고 그만둘 수는 없었다. '믿음을 가진 사람의 본때를 보여주겠다'는 식의 큰 욕심 따위는 없었지만 믿는 사람으로서 잘 살아내고 그만두더라도 더 하고 싶은 일을 찾았을 때 그만두고 싶었다. 게다가 1년도 일해보지 않고 판단하는 것은 시기상조라고 판단했기에 기도하면서 후일을 도모해 보기로 했다.

그렇게 1년을 주어진 환경에서 인내하며 최선을 다하다 보니 내 담당 지역의 의사 선생님들과의 사이에 친분도 생기고 회사 일이 어떻게 돌아가는지도 조금은 알게 됐다. 물론 이해할 수 없는 일도 많았지만 반대로 나에게 질문하는 동료, 선배들도 생겼다. 특히 후배들이 들어오면서 담당 지역을 정하던 시기에 질문을 많이 받았다. 내가 기존의 지역에서 계속 일을 하기를 원했기 때문이다. 기존 지역은 누구도 하기 싫어하는, 소위 실적이 나올 수 없는 지역이었다. 그래서 새로운 신입사원이 오면 던져주고 나오지 않는 실적을 빌미로 선배 노릇을 할 수 있는 일석이조의 효과를 가진 마법 같은 장소라고나 할까.

'왜 남들이 하기 싫어하는 지역에서 계속하기를 원하는 거야? 너도 이제 좀 편할 때가 됐잖아?'

우선은 내가 하던 일을 좀 더 배워야겠다는 생각에 회사를 조금만 더 다녀보자는 마음이었고, 또한 굳이 필요하지 않은 생산적이지 않은 전례를 이어가고 싶은 마음이 없었다. 누구 하나 알아주는 이는 없었지만, 하나님 앞에 가능하면 옳은 일을 좀 더 많이 하고 싶었다. 많은 인내와 믿음이 필요했다.

쉽지 않은 회사 생활이었지만 여유 시간을 통해 내가 할 수 있는 일은 생각보다 많았다. 기도 모임에 나가 선교지와 선교사님들을 위해 기도하는 시간을 가능하면 꾸준히 가지려고 애썼다. 교회의 예배와 기도 모임, 특히 OM 기도 모임은 선교지 소식을 알 수 있는 좋은 채널이었다. 거기서 만나는 장단기 선교사님들의 모습과 사역의 나눔은 하나님이 내게 허락하신 급여를 통해 사역을 도울 수 있도록 연결해 주신 다리와 같았다. 마음을 다잡고 보면 안 보이던 것도 보이게 되는 법이다. 작정하고 보다 보니 내가 협력할 수 있는 선교지가 너무 많았다. 기도와 재정의 후원이 필요한 선교사님이 너무 많았다. 국내에서 어린이 선교 사역을 하시는 분, 해외 곳곳에서 셀 수 없이 많은 사역을 사명감을 가지고 감당하는 선교사님들이 한 분 두 분 연결됐다.

그런데도 내가 잘 할 수 없는 일을 하는 일상을 살아가면서 선교적인 삶을 살아낸다는 것은 또 다른 고민과 어려움이 있는 영역이었다. 마음대로 되지 않는 일 때문에 새벽 기도 모임에 나가 울면서 기도한 날이 얼마나 많았는지 모른다.

그러던 2012년 어느 날. 선배만 믿고 따라오라며 큰소리 떵 떵 치던 사람들 대부분은 정년까지 일은 할 수 있을까 불안해하고 있음을 알게 됐다. 정년퇴임을 한 후에는 십중팔구 치킨집 아니면 커피숍을 할 것이라 우스갯소리를 하는 그들의 모습은 내게 일종의 충격이었다. 언중유골이라고 대부분의 농담은 어느 정도의 진심을 포함하고 있다고 믿는다.

'내가 바라보는 것은 무엇일까?'

몇 년을 일 하다 보니 벌이도 좋았고 의미 있는 일도 나름대로 하고 있었지만 뭔가 내 것이 아닌 옷을 입고 있는 느낌이었다. 나에게 맞는 옷은 무엇일까 스스로 질문했을 때 떠오른 답이 하나 있었다.

'선교하면서 살고 싶다.'

내가 하던 일들은 신교가 아니란 뜻은 아니다. 선교사님들을 후원했고 기도 모임을 찾아다녔고 예배에도 충실하게 참여했던 것 같다. 그런데도 목마름이 있었다. 카페에 앉아서 일상생활에서 찾아오는 생각을 몇 번 되새김질했다.

'좀 더 하고 싶은 일은 없는 것일까?'

어느 날, 카페에 앉아 커피를 마시며 생각했다. 진로, 적성,

사회생활 속의 정체성 문제로 고민하는 청년들에게 도움을 줄수는 없을까? 그 순간 내가 잡고 있는 커피잔이 눈에 들어왔다. 삼삼오오 모여서 카페에서 수다를 떨고 있는 주변의 청년들이 눈에 들어왔다.

'… 커피를 제대로 한번 배워볼까?'

이후 3년간 이리저리 돌아다니고 시간을 투자해 커피 자격증을 취득했다. 여느 취미들처럼 금방 질리지는 않을지, 얼마나 마음을 키워갈 수 있을지 궁금했다. 3년 동안 시행착오를 각오하고 시간을 투자했는데 시간이 흐를수록 더욱 마음이 간절해졌다.

2015년 7월 퇴사를 했다. 사업계획서는 아직 미완성이었지만 평안한 마음이 있었다. 무엇보다 더 늦기 전에 하고 싶은 일을 해보기로 했다. 적은 경험과 준비금을 가지고 차근차근 도전해 보기로 했고 희미한 것은 부딪혀 가면서 구체화하기로 했다. 경험이 많지 않은 나였기에 더 넓은 세상을 보고 싶었다. 100년의 커피 역사를 가진 나라들에 가보고 싶었고 농장에도 가보고 싶었다. 퇴직금을 손에 든 나는 마치 대기업의 총수인 마냥 영감을 얻고자 유럽과 남미 여행을 계획하고 실천하기 시작했다.

2015년 8월 3일, 첫 여행지 홍콩에 도착했다. 난 사실 숫자에

약한 사람이다. 그런 내가 특정 날짜를 기억한다는 것은 굉장히 특별한 일이다. 8월 3일, 침사추이 항에 발을 딛던 그 순간 꿈에도 생각지 못한 선박, '로고스호프'를 만났다. 수없이 듣고 상상해온 그 선박이 거짓말처럼 내 두 눈앞에 놓여 있었다.

'…너무 늦었어.'

하지만 꿈에 그리던 선박을 마주하게 된 내 반응은 기대보다는 실망, 긍정보다는 부정에 가까웠다. 게다가 혼자 하는 첫 여행지 도착 당일에 이 무슨 자다가 봉창 두드리는 소리이냐는 생각이 앞섰다.

'볼 것 다 보고 왔을 때도 열려 있다면 한번 가 보지 뭐….'

괜히 더 최선을 다해 이곳저곳을 둘러봤다. 카페, 시장, 전망대, 쇼핑몰 등등 유명하다는 곳은 전부 보고 말겠다는 마음으로 땀을 뻘뻘 흘리며 돌아다녔다. 홍콩의 야경까지 돌아보고 숙소로 향하면서 시계를 힐끔 보니 저녁 10시였다. 통통배 택시를 타고 침사추이로 다시 넘어가면서 힐끔 보니 어전히 보이는 로고스호프는 아름다운 불빛을 밝히고 있었다.

자석처럼 끌리는 발걸음을 따라 10시 15분, 마감 직전에 오른 배에는 상상하지 못한 큰 감동이 있었다. 크루들의 환대때문이 아니라, 그 공간에서 뿜어져 나오는 아우라가 있었다. 얼마나 많은 사람이 로고스호프 방문객을 위해 기도하고 있는지를 생각하면 그 특별함은 당연할지도 모르겠다.

배에서 내리기 직전 하필 로렌스라는 이름을 쓰는 한국인 형을 만나 짧은 대화를 나누게 되었다. 나는 결국 다음 날 점심 식사 초대를 받았고, 배를 둘러보며 설명을 듣고 나서 선상 식당에서 식사와 대화를 나누며 특별한 시간을 보냈다. 특히 형의 질문은 내 마음을 강하게 두드렸다.

"가장 친한 친구가 오토바이 사고로 하늘나라로 갔다는 소식을 접한 적이 있어요. 꽤 젊은 나이였죠. 그때 질문이 하나 떠오르더라고요. 한 치 앞을 모르는 우리가 어떻게 내일을 보장할 수 있나요? 그 질문은 지금도 가끔 스스로에게 던지는 것 같네요. 가장 중요한 것은 내가 받은 사명이 무엇인지 알고, 오늘 그 삶을 살아내는 것 아닐까요? 지현 형제가 반드시 배를 타야 한다는 이야기를 하는 것이 아니에요. 예수님도 가끔은 따르겠다는 자를 달래어 본인이 살던 마을로 돌아가라고 이야기하시죠. 그곳이 너의 장소라고. 한번 기도하고 고민해 보세요. 어디가 본인의 장소인지, 무엇을 하며 오늘을 살아낼지 질문해 보세요."

"예수께서 배에 오르실 때에 귀신 들렸던 사람이 함께 있기를 간구하였으나 허락하지 아니하시고 그에게 이르시되 돌아가 주께서 네게 어떻게 큰 일을 행하사 너를 불쌍히 여기신 것을 네 가족에게 알리라 하시니 그가 가서 예수께서 자기에게 어떻게 큰 일 행하셨는지를 데가볼리에 전파하니 모든 사람이 놀랍게 여기더라."

[마가복음 5:18-20]

그 질문은 유럽 여행을 하던 내내 머릿속을 떠나지 않았고, 결국 예정된 콜롬비아 커피 농장 방문을 취소했다. 이후 내가 세운 계획에는 없던 많은 일이 발생했다. 2016년 9월 23일 결국 나는 선원이 되었다. OM 설립자인 '조지 버워' 할아버지의 말을 떠올리며 로고스호프의 갱웨이에 올랐다.

'너무 미친 꿈은 없다.'

미국 플로렌스에서 진행된 훈련

미국 남캐롤라이나 주의 플로렌스에는 3개의 큰 서적 창고가 있다. OM Ships International 본부이자 로고스호프로 가는 서적들이 컨테이너에 적재되는 곳이다. 로고스호프에 승선하기 전 3개월 동안 부족한 영어와 새로운 문화를 동시에 배우기 위해 이곳에서 생활을 하는 기회를 얻었다.

EIP(English Imersion Program)라고 불리는 영어 강화 훈련 및 문화 적응 과정에서는 세계 각국에서 온 다양한 억양을 가진 봉사자들이 모여 있고 실질적인 로고스호프 사역과 연계된 일을 체험할 수 있으면서 원어민에게 언어를 배울 수 있기 때문에 비영어권 국가에서 지원한 예비 선교사들에게는 무척 적합한 곳이다.

한국에서 여러 가지 교육과 훈련을 함께 받았던 동료들과 미국 동남부에 있는 컬럼비아 공항에 도착했다. 비행 시간은 영화 6편을 봐도 시간이 남는 20시간 이상이었다. 때마침 군인들을 격려하는 브라스밴드의 공연까지 펼쳐진 공항은 마치 훈련 입소하는 우리를 환영하는 듯했다. 인사 담당자인 랄프(스위스)의 도움을 받아 비교적 가까운 곳에 있다는 3시간 거리의 숙소가 있는 곳까지 이동했다. 이동 거리, 맥도날드에서 먹은 햄버거와 콜라의 사이즈, 주차공간까지 모든 것이 멀고, 크고 다르고 새로웠다.

카자흐스탄에서 온 선교사님 딸 채영, 갓 고등학교를 졸업한 예솔, 멕시코에서 의사생활을 내려놓고 온 벳사와 좋아하던 일본만화를 통해 일본선교를 꿈꾸는 하켈, 아이티 선교여행에서 도전받아 선교를 더 하고 싶다는 도미니카공화국에서 온 알레한드로 아주머니, 커피 여행 중 도전받아 선교에 도전하는

나. 나이도 성별도 배경도 각기 다른 6명의 학생들이 모였다.

말로만 듣던 광활한 대지, 식료품을 사기 위해 최소 20분을 운전해 가야 하는 일상, 남부의 강한 영어 액센트. 모든 것이 새로웠다. '그래도 나름 영어를 좋아하고 12년간 한국에서 그토록 많이 들어온 미국 발음 아니겠는가.'라고 생각했다. 하지만 남부 지방의 강한 억양은 대부분 알아들을 수 없었다.

'60여 개국에서 온, 400여 명이 생활한다는 로고스호프는 어떤 모습일까?'

타 문화 훈련의 하나로 진행되는 오후 영어 수업은 은퇴하신 현지인들과 OM을 통해 전 세계에서 합류한 자원봉사자들과 함께 진행되었다. 나라만큼 다른 것이 개개인의 개성과 성향이다.

"안녕, 난 fox(여우)라고 해. 오! 국방의 의무를 마친 베테랑 LJ! 넌 나 같은 호주 사람들 만큼 강하고 책임감 있는 사람이구나!"

호주에서 온 영감님 제프리의 첫 인사말이었다. 심리학을 전공한 상담가이자 자신을 여우라 불러 달라는, 70이 넘은 거친 할아버지의 모습은 충격이었다. 조국에 대한 자부심과 강한 척하는 모습이 조금은 껄끄러웠지만, 그저 신기하게 받아들여졌다. 한국에서 함께 온 동기 예솔이는 고등학교를 갓 졸업하고 스페인어를 전공하고 있는 친구였고, 채영이도 카자흐스탄에서 선교사인 부모님과 지내다 온 한국인 같지 않은 한국인이었다. 31세의 나이에 직장을 그만두고 나온 나도 평범한 한국인은 아닐 터이지만 저마다의 사연을 가진 사람들이 모였다.

선생님들과 직원들도 평범하지만 한편으로는 비범한 사람들이었다. fox 제프리 외 아더(미국) 아저씨와 라디(에콰도르) 아주머니 부부, 교사로 은퇴한 수지(미국) 아주머니, 재정부 마이크(미국), 교육 담당 다마리스와 랄프(스위스)부부, 타미 아주머니, 사라 아주머니, 영업하는 캐빈 아저씨, 매니저 피터 아저씨, 장기 봉사 중인 드레드 아저씨, 심리 상담사 테레사와 브라이언 부부, 온라인 판매 담당 조 아저씨와 브랜다(미국) 부부, 각국에서 모인 자원봉사자 등 나이도 성별도 국적도 각기 다른 사람들이 함께 봉사자로 일하고 있는 그곳은 그야말로 신세계였다.

한 교회의 기증으로 마련된 땅, 사우스캐롤라이나 한 구석에서 시작해 세계를 돌며 사역하는 로고스호프로 보내는 서적들과 물품들을 준비 중인 3동의 창고와 사무실 OM Ships International은 정말 신기했다. 방학을 이용해 1~2주 동안 봉사하는 어린 학생들부터 기부받은 헌 옷을 가위로 잘라 엔진실의 청소용 걸레를 만드는 휠체어를 타시는 할머니 할아버지에 이르기까지 다양한 사람들이 도움의 손을 더한다.

전혀 다른 다양한 사람들과 함께하는 새로운 생활방식과 환경에서의 생활은 앞으로 다가올 일을 미리 할 수 있는 일종의 예방주사였다. 특히 첫 주에는 로고스호프에서 프로젝트팀으로 온 5명의 친구들까지 만나는 기회가 있었다. 압딜(쿠바), 데보라(독일), 펨케(아루바), 렌스케(네덜란드), 치키(이탈리아) 모두 20대 초반의 청년들이었다. 앞으로 만나게 될 동료들이지만 그저 신기할 뿐이었다.

사무실과 일터는 숙소에서 걸음으로 엎어지면 코 닿을 2분 거리에 있었다. 8시 30분에 하루를 시작하기 전, 모두와 함께하는 기도 모임이 있고 9시에 일정이 시작됐다.

다 함께 먼저 기도하고 시작하는 일상의 업무와 모든 것이 영어로 이루어지는 환경. 점심은 돌아가면서 샌드위치와 샐러드를 준비하고, 순번을 맡아 돌아가면서 청소와 정리도 진행하는, 모든 것이 새롭고 충격의 연속이었다. 서두른 시작에 쏟아지는 구박이나 눈치는 전혀 없었다. 성별, 나이와 상관없이 자유롭고 친절했으며 서로 존중하고 배려하는 모습과 동시에 책임감을 느끼고 맡은 일을 하는 모습이 인상 깊었다.

업무시간 역시 충격이었다. 오전 4시간 동안에는 영어 수업을 듣고 점심 식사 이후 4시간 동안에는 창고에서 책을 분류하고 정리하고 포장하는 일을 했다. 7시까지 사무실에 출근하기 위해 새벽 5시부터 잠을 설치던 직장생활과 비교하면 천국처럼 느껴졌다. 하지만 언어를 제대로 이해하지 못한다는 스트레스는 역시 컸다. 모국어가 아닌 영어로 생활을 하다 보니, 입사 시험을 위한 영어 공부가 아니라 삶을 위한 영어 공부를 해야만 했다. 감사하게도 선생님들을 비롯한 모든 직원은 천천히 말 해주면서 영어로 이야기하고 생활하는 것을 격려해 줬다.

"난 한국말을 전혀 못 하는데 넌 나와 영어로 소통할 수 있지 않니? 2개 국어를 한다는 것 정말 대단해!"

참 위로와 격려가 되는 말이었다. 격려하는 방법도 칭찬하는 방법도 서툴렀던 나는 그곳에서의 생활을 통해 살아가면서 모르고 있었던 다양한 방식의 사랑 표현법을 배워갔다.

오후 5시에 칼처럼 마치는 업무는 생각할수록 놀라웠다. 오후 7, 8시 때로는 저녁 10시가 되어서야 일을 마치던 경우가 다반사였던 이전의 내 일상과는 너무 많이 달랐다. 일상생활에서도 많은 변화를 경험했다. 식재료를 사러 간 슈퍼마켓의 직원이 환하게 웃으며 인사할 뿐 아니라 이런저런 질문도 이어갔다. 낯선 사람을 마주치면 눈웃음으로 인사를 하는 사람들. 초등학교에서 배웠던 구호처럼 먼저 '인사합시다'가 생활의 일부가 되어 있는 사람들. 도시가 아닌 남부의 외곽이라 그런지 기존에 알고 있었던 미국과는 꽤 다른 모습이었다. 농촌의 훈훈한 인심이 느껴졌다고 할까?

가족들과 함께 보물처럼 보관된 보드게임을 즐기는 사람들. 이른 아침 7시에 국밥집이 아닌 와플 가게 앞에 줄을 선 많은 사람들. 밥 대신 엄청난 양의 디저트를 시시때때로 먹는 사람들. 특대 사이즈의 콜라, 끼니 때마다 먹는 달달한 케이크, 쿠키, 아이스크림. 그냥 너무 다른 삶의 모습이었다.

그래도 편식 없는 나의 식성에 감사했다. 빵, 고기, 감자, 피자 등 특별식 혹은 간식으로 생각했던 음식이 주식으로 바뀌었다. 반면, 예솔이는 한식을 너무 그리워해 홀로 찌개를 만들어 먹곤 했다.

타 문화 훈련은 음식과 생활, 언어뿐 아니라 우리가 가지고 있지만 인지하지 못했던 개인적인 어려움을 다루는 시간도 되었다. 예솔이는 개나 고양이 같은 동물을 두려워했고, 채영이는 물을 두려워했다. 나는 거절에 대한 두려움과 어른과의 대화를 두려워하는 사람이었다.

시시때때로 어려움을 겪고 도전을 해야 하는 상황에 봉착했고, 놀랍게도 매번 적절히 준비된 사람을 만나 도움을 주고받았다. 교회에서 만난 브라이언은 수영 지도사 자격증 보유자인데 채영이의 물 공포증을 누그러뜨려 주었다. 스티븐의 애견

레이시를 통해 예솔이는 동물 공포증을 조금씩 지워갔다. 상담사로 일하는 테레사, fox 할아버지는 독일에서 온 자원봉사자인 리비아와 나의 과거 트라우마를 씻어주었다.

멕시코에서 의사 생활을 하다가 온 벳사베는 언어에 어려움을 겪는, 도미니카 공화국에서 온 알레한드라 아주머니와 라켈을 도와주었다.

'타 문화 훈련'

짧다면 짧고 길다면 긴 3개월간의 플로랜스 생활은 기존의 내 사고방식을 완전히 바꿔놓은 계기가 되었다. 서구 사람들이 개인밖에 모를 줄 알았는데 사실은 굉장히 가족 중심적인 사람이 많다는 것을 배웠다. 팀 안에서 경직되지 않아도 다 함께 서로를 격려하면서 즐겁게 일할 수 있고 좋은 결과물을 낼 수 있다는 사실도 체험했다. 문화가 다르고 언어가 달라도 삶의 어려움은 비슷하다는 것도, 누군가의 삶이 누군가에게 축복이 될 수 있다는 사실도 더 크게 깨달았다.

단순히 영어라는 언어만 배운 것이 아니라 그 언어를 사용하고 함께 어울려 살아가는 사람들과 함께 시간을 보내면서 서로를 격려하고 위로하고 사는 방법을 배웠다.

400명 = 400개의 문화

국제OM의 사역지는 로고스호프를 포함해 110곳이 넘는다. 매년 반기마다 새로 헌신하는 선교사들이 선발되고, 사역지로 이동하기 전에 상반기에는 네덜란드에서 하반기에는 독일에서 다 같이 한자리에 모여 10일간의 오리엔테이션을 가진다.

"암스테르담에 오신 것을 환영합니다."

비행기 기장의 환영을 받으며 거짓말처럼 1년 만에 돌아온 네덜란드 암스테르담 공항을 바라보니 만감이 교차했다. 1년 전에는 혼자였지만, 이번엔 만날 친구들이 있다는 것이 달랐다. 약속된 장소에 속속 모여들고 있는 피부색이 다른 친구들을 보며 앞으로의 생활에 대한 두려움보다 기대감이 더 컸다. 흥분을 가라앉힐 수가 없었다.

"너도 혹시 로고스호프에 가니? 우왓! 나도 거길 가는데, 무척 반갑다!"

흔히 이야기하는 텐션이 굉장히 높은 탄자니아에서 온 글로리와의 첫 만남이었다. 네덜란드, 독일, 대만, 스위스 등 그저 외국으로만 느껴지던 곳의 사람들이 함께할 동료이자 친구가 된다는 것이 잘 실감나지 않았다.

버스를 타고 2시간 정도 이동해 도착한 네델란드의 작은 마을 델던. 야외 캠핑장 같은 곳에 현수막이 걸려 있었다.

'Welcome to GO Conference'

3개월간의 미국 생활에 이어 10일간 문화의 차이에 대한 강의, 종교의 차이와 세계관에 관한 강의, 공항 출입국 시뮬레이션 등 다양한 활동을 통해 서로를 이해하는 시간을 가졌다. 다양한 활동에 다양한 사람에 지루할 틈이 없었다.

교육시간 외에는 잔디 밭에 누워서 쉬기도 하고 서로 다른 나라에서 온 사람들과 친구가 되어 즐거운 시간도 가졌다. 긴 탄성이 있는 고무줄을 아름드리나무에 묶어 줄타기를 하는 친구, 기타를 치고 노래를 하는 친구, 보드를 타고 돌아다니는 친구, 책을 읽는 친구 등 주변을 둘러보는 것만으로도 재미가 있었다. 네덜란드 구석진 촌마을에 모이기 전에 음악을 했던 친구, 소방관이었던 친구, 의사였던 친구, 가족으로 온 친구 각양각색의 사람들이 아시아, 아프리카, 남미, 유럽, 오세아니아 곳곳에서 모여 서로의 꿈과 앞으로 할 일과 생활에 대한 기대를 이야기했다. 연령도 17세부터 60세에 이르기까지 무척 다양했다.

끝도 없이 꿈만 꾸던 세계인들과의 삶이 현실로 다가온 순간들이 신나고 재미있었다. 하지만 전혀 생각지도 않았던 어려움은 이내 생활 속에서 나타나기 시작했다. 그 첫 번째는 다름 아닌 유럽인들의 체취였다.

2층 침대를 함께 사용하는 숙소의 문을 열자마자 '욱!' 하고 코를 틀어막았다. 도대체 어디에서 이런 고약한 냄새가 나는 것일까? 문제의 원인을 발견하기는 그리 어렵지 않았다. 신발과 양말에서 나는 구역질이 날 것만 같은 냄새. 동방예의지국에서 온 나는 어떻게 하면 잘 돌려서 이야기할 수 있을지를 고민하느라 며칠을 끙끙거렸다. 결국 용기를 내서 당사자에게 조치를 좀 해달라고 이야기를 했다. 다행히 대화는 생각보다 원활하게 진행됐고 문제는 해결된 듯했다.

그러나 하루 이틀이 지나면서 서양권에서 온 공동생활을 하는 친구들의 위생 기준이 한국 사람들만큼 높지 않다는 것을 알게 됐다. 같은 문제가 반복됐고 고민은 깊어져 갔다. 특히 냄새에 민감한 나에게 땀 흘린 옷과 신발을 그냥 실내에 방치하는 것뿐만 아니라 가끔 샤워 대신 사용하는 그들의 '디오드란트' 문화는 충격이었다.

이어서 등장한 아는 사람의 물건은 허락을 구하지 않고도 사용하는 아프리카 잠비아에서 온 형님도, 10년 이상 차이 나는 형의 머리도 스스름없이 쓰다듬으면서 친분을 표시하는 볼리비아의 열여덟 살 동생도 도무지 쉽게 적응되지 않았다. 타문화를 이해하기 위한 강의와 실제로 세계인과 함께 생활하면서 국가로 묶어 이해하는 것이 도움이 됐지만 그것도 한계가 있었다. 같은 나라에서 온 친구들도 저마다 가지고 있는 특성과 성격이 천차만별이었다. 이런 환경에 반복적으로 노출되다 보니 순도 100% 한국인이었던 나도 시간이 지날수록 조금씩 문화적인 차이에 유연한 사람으로 변해갔다.

빵은 간식일 뿐이라는 나의 생각이 누군가에게는 주식인 빵을 평가절하하는 무지한 사람으로 비춰지게 했고, 3만 명이 모여 사는 작은 마을이 누군가에게는 큰 도시가 될 수 있다는 것을 알게 됐다. 내가 믿어왔던, 옳고 당연하다고 생각했던 것들이 어느 곳에서나 적용되는 진리가 아님을 알게 됐다.

마침내 10여 일간의 오리엔테이션이 끝나고 포르투갈을 거쳐 아프리카 가나로 향하는 비행기에 올랐다. 짧은 시간 동안 다양한 나라에서 온 많은 친구를 만나면서 한 번도 느껴보지 못했던 기대감과 한편으로는 앞으로의 국제 생활에 대한 막연한 두려움이 마음속에 공존했다.

전 세계에서 온 100여 명의 친구들과 함께 처음 밟은 아프리카 땅은 말로 설명할 수 없는 오묘한 곳이었다. 배로 향하는 120여 명의 우리는 평범하지 않아 보였으므로, 우리를 힐끔힐끔 쳐다보는 검은 피부의 가나 사람들을 나 또한 몰래 훔쳐보고 있었다. 비포장 도로에서 폴폴 날리는 먼지, 맨발로 길을 건너는 흑인들, 그들이 구사하는 알아듣기 힘든 강한 억양의 영어는 내가 정말 아프리카에 왔다는 것을 인식시켜줬다. 인솔자를 따라 울퉁불퉁한 길을 건너 주차장으로 가니 새로 배에 합류하는 100여 명이 탈 버스 3대가 보였다. 뭔가 익숙한 버스의 모양과 반가운 스티커는 날 웃게 만들었다.

'독도는 우리 땅'이라는 한글이 유리창에 붙어 있는 한국산 중고 버스였다. 잠시 이곳이 어디인가 하는 생각도 들었지만 주변을 보면 보이고 들리는 각양각색의 피부와 언어는 심심할 틈이 전혀 없는 일상이 되리라는 확신을 가져다 줬다.

기초생존훈련
(BST: Basic Safety Training)

'배는 도대체 언제 타는 거지?'

한국인의 급한 성격은 숨길 수가 없다. 여러 가지 훈련을 해왔던 터라 마지막으로 받아야 하는 훈련이지만 썩 달갑지만은 않았다. 이제는 좀 배가 보고 싶다는 생각이 들 정도였다.

IMO(International Maritime Organization: 국제해양기구)에서 요구하는 훈련 과정을 마친 사람에게만 항해를 할 수 있는 자격이 주어진다. BST(Basic Survival Training: 기초생존훈련)이라 불리는 이 훈련은 항해 전, 중, 후 유사 시 안전하게 대피할 수 있도록 반복적으로 숙달하는 훈련으로 승선 전에 요구되는 필수 훈련 과정이다.

한 번도 배를 경험해보지 못한 우리가 숙지해야 할 기본적인 선박 관련 용어에 대한 교육과 함께 비상 상황이 발생했을 때 대처할 수 있는 능력을 배양하기 위해서 절차 훈련 및 행동 훈련을 진행했다. 구명조끼, 부이 사용법, 화재 진압 방법, 심폐소생술 등 말 그대로 생존에 필요한 것을 훈련하는 시간이었다. 물론 내리쬐는 뜨거운 햇볕과 현지인이 주로 먹는 밥과 닭고기 요리를 매일 받아 먹어가며 문화에 적응해 가는 것도 하나의 훈련이었다. 감사하게도 나는 아무런 문제를 느끼지 못했지만 유럽에서 온 친구들은 가끔 이런 말을 했다.

'또 밥이랑 닭고기 요리야?'

빵과 버터가 많이 그리웠던 모양이다. 저마다 다양한 인생 스토리를 가진 친구들과 보내는 그 시간이 마냥 어색하지는 않았다. 매일 새로운 친구들의 이야기를 듣는 재미가 쏠쏠했다. 갓 고등학교를 졸업한 친구들에게도 각자의 특별한 사연이 있었다. 영화나 드라마에서나 듣던 마약과 섹스에 중독되었던 친구들이 희망을 이야기해 준 예수님께 매료되어 이곳까지 오게 되었다는 이야기, 친인척들로부터 성폭행을 당했고 우울증 때문에 자살까지 시도했었지만 하나님 안에서 발견한 희망으로 새 삶을 살고 있다는 이야기 등 많고 많은 사연 속에 '희망'을 발견한 많은 사람이 모여 있었다. 이 나눔의 시간들은 모두에게 큰 배움의 시간이 되었고 훈련의 일부가 되었다.

배 안에서 안전하게 생활하기 위해 받는 기술적인 훈련 외에 지식, 도움과 희망을 나눈다는 로고스호프의 슬로건에 맞춰 사역할 사람들을 알아가는 시간이 소중하게 느껴졌다. 많은 이들이 나눔을 통해 입을 모아 이야기하는 것은 자기가 가진 이야기가 큰 감동이 될지 몰랐다는 것이었다. 400명이 가지고 있는 400개의 성격과 특징보다 내면의 진솔한 이야기가 사람을 만나고 소통하는 현장에서는 어떤 도구보다 효과적으로 마음을 두드릴 사역의 도구가 됨을 알게 됐다.

생존 훈련 외에도 다양한 국가에서 사용하는 다양한 전자제품의 표준도 다르기에 전기공 선원들로부터 전자제품을 검사받고 조치가 필요한 물건과 사용할 수 없는 물건들도 추렸다. 건강검진을 통해 누락된 예방접종이 있는지 확인하고 조치를 받으면서 건강하게 생활할 수 있는 육체적인 준비 상태도 점검했다. 건강 상태에 따라서 할 수 있는 일과 피해야 할 일들을 구분하고 모두가 유기적으로 도우면서 생활하기 위한 중요한 작업이었다. 하루에 수천 수만 명의 방문객을 맞이하는 배에서 생활 구역을 보호하기 위해서 신분증도 필요하다고 했다. 홍보팀의 도움을 받아 증명 사진을 촬영하고 신분증을 만드는 과정을 거치면서 승선하는 날이 다가오고 있음을 느꼈다.

승선 하루 전날이 밝아오고 지난 2주간 진행된 검사와 시험 그리고 면담을 통해서 결정된 부서가 공개됐다. 조마조마한 마음으로 강당에 모인 100여 명의 예비 크루들은 함께 훈련을 받으며 친해진 동기들과 수다를 떨기에 정신이 없었다. 왁자지껄 수다를 떨던 우리는 훈련 팀장이 마이크를 들고 무대에 서자 이내 숨을 죽이고 고요함 속에서 귀를 기울였다.

"그동안 훈련받느라 고생 많았어요. 이제 그토록 궁금해하던 부서 발표만 남았네요. 제가 들고 있는 이 봉투에는 앞으로 사역할 부서가 적혀 있습니다. 자, 그럼 호명하는 사람은 나와서 봉투를 받아가세요."

부서 발표가 뭐라고 긴장감은 최고조에 달했다. 한 명씩 이름이 불리는 대로 자신의 이름이 적힌 봉투를 받았다. 자신의 성격대로 조심조심 뜯는 친구가 있는 반면 시원하게 찢어서 확인하는 친구들도 있었다. 이내 기쁨과 놀람이 섞여 있는 탄성이 여기저기서 터져 나왔다. 기대했던 것과는 다른 부서 배정에 아쉬움을 표하며 흐느끼며 눈물을 보이는 친구들도 있었다. 난 사실 무슨 부서든지 상관하지 않는다는 생각이었지만 봉투 속에 든 카드를 꺼내는 것은 나에게도 설레는 순간이었다.

'LJ - bookfair'

사람을 만나는 일을 계속 해왔고 미국에서 창고에서도 하던 일을 즐겁게 했던 터라 서점 부서에서 일할 시간들이 기다려졌다.

"여러분, 모두 배정된 부서가 마음에 드시나요? 모두의 바람을 충족시킬 수는 없었지만 기도하면서 여러분의 육체적 상태, 지난 훈련의 결과, 여러분의 희망 부서, 실제 부서의 필요를 모두 고려하여 신중하게 결정하였습니다. 내일 승선을 하게 되면 기존 부서의 크루들과 함께 보내는 시간을 통해 세부적인 필요 사항들을 조금씩 숙달해 가실 것입니다. 아시다시피 로고스호프에는 여러분 모두가 필요합니다. 어느 부서도 중요하지 않은 부서는 없습니다. 한몸이 되어 움직인다는 사실을 기억하고 로고스호프에서의 멋진 시간을 만들어 가시길 기도합니다."

부서 발표와 훈련 팀장의 이야기는 무척 맞는 이야기였지만 받아들이기 쉬운 이야기는 아니었다. 누구라도 본인의 바람대로 되지 않을 때에는 화가 나고 서운할 수 있기 때문이다. 실제로 분을 참지 못하고 울기도 하고 불만을 가지고 맡은 업무를 기쁘지 않은 마음으로 대할 때가 종종 있었다. 편리함을 포기하고 섬기러 선교지에 왔다는 사실을 망각하고 대접받지 못한 것 때문에 서운해할 때가 있었다. 내면에서 이따금 일어나는 이 전쟁 같은 일은 어쩌면 오늘도 반복해서 일어나고 있는지도 모르겠다.

배에 타기 전, 이곳저곳에서 받은 훈련들은 그렇게 마무리되고 훈련 동기 그룹을 하나로 뭉치게 만드는 구호를 만들면서 2016년 PST* TEMA에 소속된 나는 승선 준비를 마쳤다.

---

* 6개월마다 80~120여 명의 새로운 크루들이 로고스호프에 합류하기에 앞서 PST(승선 전 훈련)를 받는다. 약 2주간의 훈련 기간에 함께 부대끼고 생활하며 만들어진 PST 구호는 각 그룹의 특성을 담고 있을 뿐 아니라 일종의 즐거움을 주고 소속감까지 높여 주는 역할을 한다.

페로 아일랜드에서 온
펨야의 간증

안녕하세요! 저는 페로아일랜드에서 온 펨야라고 합니다. 여러분은 혹시 '인내심이 관건이다'라는 이야기를 들어보신 적이 있나요? 그거 아세요? 정말 정말 맞는 말이에요!

로고스호프에서 생활하는 동안 정말 많은 것을 배웠지만 하나님이 지금까지도 계속해서 가르쳐주고 계신 것은 '인내심'인 것 같습니다. 다양한 종류의 인내심이 있지만 저는 제가 배운 세 가지의 인내심을 나누고 싶어요.

첫째는 자신에 대한 인내심입니다.

모든 사람이 무슨 일을 해야 하는지 알고 있지만 나만 모르고 있다는 기분이 드는 곳에서 생활하는 것은 달갑지 않습니다. 상상해 보세요. 저는 스물한 살 된 여자입니다. 요리에 대한 것은 1도 모릅니다. 심지어 파스타도 못 만들어요. 그리고 집에서 설거지를 해 본 적도 손에 꼽을 정도지요. 그런 제가 앞으로 6개월 동안 주방에서 음식을 준비하고 400여 명의 크루들을 위해 하루 3번 2,000개에 가까운 접시들을 씻어야 합니다. 네, 맞습니다. 울고 싶었습니다.

처음에 저는 다른 사람들을 졸졸 따라다니며 사소한 질문들을 하고 또 하는 귀찮은 소녀가 되어버린 것 같은 느낌이 들었어요. 하지만 스스로 화가 날 것만 같은 순간에도 모든 것이 낯선 저를 인내해주고 이해해주는 사람들을 볼 수 있었죠. 그런데도 잘 이해할 수 없는 자신을 보는 것은 고통이었습니다. 한번에 딱 이해하고 알고 싶은 마음이 굴뚝같았죠. 이런 고통스러운 시간을 보내면서 배운 것은 자신에게 인내심을 가지고 기다려주는 것이 얼마나 중요한가입니다. 어떤 면에서는 제가 너무 서둘러서 문제가 생기고, 다시 시간을 가지며 문제를 풀어나가는 데 시간이 더 오래 걸리는 순간도 있었습니다. 좀 더 침착하게 인내심을 가지고 했었다면 그럴 필요가 없었을 경우도 많았죠. 성경, 전도서 3장1절에 모든 것에 때가 있다고 하는 말이 사실인 것 같아요.

둘째는 주변 사람들에 대한 인내심입니다.

다시 한번 상상해 보세요. 65개국에서 온 400여 명에게 둘러싸여 있습니다. 음... 65개국이라니요. 나라 이름을 다 알지도 못 할 겁니다. 환경과 문화와 색깔과 먹는 음식, 입는 옷, 생각하는 방식이 완전히 다른 사람들이요. 그리고 120m 길이에 9층 높이의 철통배에서의 생활이라니요. 문자 그대로 '대박' 아닙니까? 말도 안 되는 말 같지만, 생활이 됩니다. 단 한 가지 이유 때문에 가능한 것 같아요. 로고스호프에 모든 크루들은 하나님을 정말 사랑하거든요. 다르다는 것을 받아들이기가 쉽지는 않은 것 같습니다. 하지만 마가복음 12장 30~31절에서 말하는 것처럼 하나님을 마음과 영혼과 정신과 모든 힘을 다해 사랑하고 이웃을 내 몸과 같이 사랑하기를 힘쓰고 노력하는 사람들이 있다는 것은 축복인 것 같아요. 그리고 사랑할 때 가장 필요한 것 중의 하나가 고린도전서 13장 4절에서 이야기하는 인내심이죠. 사랑하기 위해서는 인내심이 반드시 필요한 것 같아요.

마지막은 하나님에 대한 인내심입니다.

'로고스호프 다음 계획은 뭐예요?'

같은 질문을 얼마나 많이 받았는지 헤아릴 수 없지만 정말 많이 받았습니다. 그리고 저의 대답은 항상 같았죠.

'몰라요… 하나님이 뭘 하길 원하시는지 아직 잘 모르겠어요.'

생각할 때마다 스트레스 받고 쓸모없는 사람이 된 것 같아서 화가 나기도 했어요. 주변의 많은 사람은 로고스호프 호에서 내리면서 무엇을 할지 정확히 알고 있는 것처럼 보였는데 저는 1도 모르겠더라고요. 왜 하나님이 저에게는 이야기해주지 않으시는지 답답했어요. 얼마 후 떠오른 생각은 '어떻게 제가 하나님에 대한 인내심이 없을 수 있는가'였어요. 지금까지 자격이 없는 저에게 얼마나 많은 인내심과 사랑을 보여주셨는데요. 그리고 생각해보면 남들에게 다음 진로를 알려주셨다고 해서 지금 당장 제가 답을 알아야 한다고 누가 말할 수 있을까요? 제가 지금 당장 원한다고 해서 하나님이 알려주셔야 할 의무는 없죠. 하나님은 저보다 저를 더 잘 아시는 분이니까요. 만약 하나님이 저에게 인내하고 기다리기를 원하신다면 저는 그럴 거예요. 하나님은 그저 얼마나 제가 하나님을 사랑하는지 보고 싶어 하실 거예요. 또 저에게 허락하신 주변의 소중한 사람들에게 그런 하나님의 사랑을 잘 나눠주기를 원하실 거예요.

성경에 나오는 요나 이야기를 아시나요? 저는 정말 요나처럼 하나님의 뜻에 반하는 사람이 되고 싶지 않지만 어떻게 그런지 아닌지 알 수 있을까요? 어떻게 제가 바른 길을 가고 있는지 알 수 있을까요? 하루는 이런저런 생각에 저는 하나님을 신뢰하고 인내하기보다는 불안해하고 잠을 제대로 못 잤어요. 다음 날 답답한 마음으로 펼친 예레미야의 29장 11~13절 말씀은 이런 제 마음을 시원하게 해줬어요. '내 계획은 네 것과 다르니라 여호와의 말이니라. 너를 부요케 하기 위함이고 해함이 아니고 미래와 희망을 주기 위함이라. 나에게 부르짖으면 내가 듣겠고 나를 찾으면 나를 찾으리니 온 마음을 다해 나를 찾으라.' 맞아요. 하나님은 나를 위한 분명한 계획을 가지고 계시다는 사실을 저는 믿어요. 지금은 큰 그림을 볼 수 없을지도 모르지만 매일 제가 할 수 있는 최선을 다하며 하나님께 영광을 돌리고 온 마음을 다해 하나님을 찾을 거예요. 그때 하나님 준비하신 길을 걸어가고 있는 저를 발견하겠죠? 하나님 계획하신 길을 제가 지금 걷고 있을 테니까요. 놀랍지 않나요? 그러니까 저의 대답은 앞으로 바뀔 거예요. 하나님께 집중하고 지금 걸어가고 있는 하루의 삶을 잃지 않으며 포기하지 않는 것이 제일이에요.

제가 함께 걷고 있는 하나님이 곧 알려주실 거예요.

PART 3

떠다니는 UN, 로고스호프 (Logos Hope)

"기존의 크루들은 큰 원형의 기도
터널을 만들어 주었고, 우리는
그 아래를 통과했다.
말로 표현할 수 없는 감동과
뜨거움이 몰려왔고 허리를 숙여
터널을 통과하던 나는 나도 모르게
눈물을 흘리고 말았다."

떠다니는 UN, 로고스호프
(Logos Hope)

400명의
무급 자원봉사자

로고스호프는 GBA(Good Books for All) SHIPS라는 단체에 속한, 길이 120m, 폭 25m, 9층 높이, 1만 2천톤 급의 세계 최대의 선상 서점이다. 전 세계의 항구를 돌아다닌다는 면에서는 여느 선박과 다르지 않지만 대중에게 개방되면서 5000여 종(교육, 신앙, 리더십, 자연과학, 스포츠, 언어 사전, 요리, 자기계발서 등)에 달하는 100만여 권의 서적과 기념품을 진열하고 1일 평균 5,000여 명의 방문객을 맞이한다는 면에서 세계 어디에서도 찾아볼 수 없는 독특한 배다. 선장을 포함한 선원 전원은 세계 각국에서 모인 400여 명의 무급 자원봉사자이고 서적을 통해 '지식과 도움과 희망을 나눕니다'는 슬로건을 내걸고 각국을 방문하기에, 교육과 계몽에 상당 부분 기여해 왔기에 '떠다니는 UN', '책을 파는 배'로 알려져 있다. 이 선박은 도대체 어떻게 이루어져 있고 어떻게 돌아가는 것일까? 간략하게 로고스호프 선박을 둘러보자.

먼저, 선박의 가장 중요한 심장을 관리하는 엔진 부서가 있다. 1만2천 톤의 로고스호프가 이동하고 정박하며 크루들이 일상생활을 누리기 위해서는 수면 아래 저층에 위치한 엔진실의 엔진이 24시간 가동된다. 엔진 부서는 1, 2, 3등 기관사를 비롯한 기술진과 함께 4기의 엔진과 연료탱크, 파이프, 발전기, 물탱크 및 부수 기재들을 관리·정비하는 크루들이 봉사하는 부서로서 특성상 엔진실 당직 업무를 포함하고 있다.

다음은 배 구석구석을 관리하고 게스트 및 크루들의 생활공간을 담당하는 호텔 서비스팀이다. 대부분 눈에 보이지 않지만 중요한 역할을 담당하고 있다. 외부적으로는 서점과 출구 사이에 있는 인터내셔널 카페의 판매를 통해 크루들과 현지인들이 커피, 치즈케익, 아이스크림, 팝콘, 음료 등을 나누며 소통할 수 있도록 돕고 관리하고, 내부적으로는 캐빈, 사무실, 공용 사용 공간(화장실, 다목적실, 복도,계단) 청소, 빨래 등 전반적인 위생 점검 및 관리 보수를 담당한다.

주방 부서도 눈에 띄지는 않지만 호텔 서비스 부서에 버금가는 중요한 역할을 담당한다. 400여 명의 크루 및 게스트의 균형 있는 식사와 이벤트 음식의 준비를 담당하는 부서로, 제과 제빵 부서와 조리, 설거지팀을 포함한다. 하루 세 끼, 게스트를 포함한 크루들의 식사량을 보면 일일 평균 1,500여 그릇의 음식을 준비하고 정리한다.

갑판에서는 선글라스를 끼고 멋지게 보안을 담당하는 갑판 부서 크루들이 봉사하고 있다. 로고스호프의 선장과 항해사를 비롯한 기술진과 함께 항해에 관련된 작업 전반에 관여하며 내·외부의 보안을 담당하는 부서로서 하루 수천 수만 명이 방문하는 로고스호프의 특성상 이들의 수고는 무척 중요한 부분이다. 엔진 부서와 마찬가지로 야간 순찰 및 당직 업무를 포함하고 있다.

대외적으로 독특한 모습과 사역을 자랑하는 로고스호프이지만 사람들이 이런 배에 직접 방문할 수 있다는 것을 알지 못한다면 의미가 없다. 이를 위해 로고스호프의 방문과 일정을 알리는 홍보 부서가 있다. 현지 미디어와 소통하며 로고스호프의 방문 일정을 홍보물, 웹 페이지, 소셜미디어를 통해 현지인에게 알리는 일을 담당한다. 또한 세계 각국의 후원 교회와 동역자분들에게 현지의 상황을 알림으로써 협력을 도모하는 역할을 담당하고 있다. 구성원으로는 기자, 사진 작가, 비디오 작가, 온라인 미디어 관리자, 그래픽 디자이너를 포함한다. 이 외에도 배 안에는 가족이 함께 승선한 가정의 아이들의 교육을 담당하는 학교도 존재한다. 유아부터 중등교육 대상자까지 교육 자격을 갖춘 선생님들이 맞춤 수업을 진행한다.

질병과 사고를 관리하는 의사와 간호사가 무료 봉사하고 있는 작은 병원도 있고, 선상에서 진행되는 이벤트와 정박한 곳의 현지에서 크루들과 함께 진행되는 행사를 기획하고 준비하는 팀, 오디오, 영상, 연극을 준비하는 팀도 배 사역의 일부로서 보이지 않는 곳에서 중요한 역할을 감당하고 있다.

배가 항구에 접안하고 일반인들에게 공개될 수 있도록 향후 방문할 나라로 먼저 이동해 3~6개월이라는 시간 동안 현지 정부, 단체, 기관과의 협력을 준비하는 선발대도 배에 없을 때가 더 많지만 로고스호프의 일부다.

이들은 청소하는 크루에서부터 선장에 이르기까지 전원 무보수로 헌신하고 섬기고 있다. 아니, 후원금 모집을 통해 승선하니 돈을 내 가면서 섬긴다는 말이 더 정확한 표현이다. 그렇다 보니 아나바다(아껴 쓰고, 나눠 쓰고, 바꿔 쓰고, 다시 쓴다의 준말)는 수입이 전혀 없는 선교사들에게는 필수다. 로고스호프에서는 6개월에 한 번 100여 명의 오래된 PST들이 떠나는데 이때 남은 선교사들에게 흔치 않은 기회가 찾아온다. 쓸만한 옷, 신발, 생필품이 정리되어 진열되는데 이를 비치한 방 이름을 '찰리'라 부른다. 부지런한 자, 반드시 특템하리라.

　또 다른 로고스호프의 조금은 특별한 모습은 개인적으로 한 국에서는 보기 힘들었던 리더십의 모습이었다. 특히, 배에서 맞이하는 크리스마스 풍경은 나에게 여러모로 특별한 인상을 주었다. 먼저 북반구에서 30년 이상 살아온 나에게 크리스마스 는 당연히 손끝이 시리고 코끝이 찡할 만큼 추운 것이어야 했 다. 하지만 배에서 첫 번째로 맞이한 크리스마스를 보낸 곳은 가이아나였고 두 번째는 콜롬비아, 세 번째는 바베이도스였다. 모두 후덥지근한 더위가 당연하게 여겨지는 나라다. 누군가에 게는 익숙한, 누군가에게는 낯선 크리스마스 때에도 각양각색 의 크루들은 각자가 맡은 부분을 최선을 다해 섬기며 아기 예 수님의 탄생을 축하했다. 이때 더운 날씨만큼 익숙하지 않은 것 중의 하나는 리더들의 모습이었다. 평소에는 보이지 않는 사무실에서 서류를 통해 지원 업무를 담당하느라 모습이 보이 지 않던 리더들이 앞치마에 행주를 들고 주방과 식당을 오가며 청소하는 것뿐 아니라, 함께 요리하고 음식을 식탁까지 제공하 면서 팀원들과 구성원들을 섬기고 있었다. 평소에 일선에서 궂 은 일을 맡아 일하는 크루들이 조금은 특별한 파티복을 입고 가족들과 보내는 크리스마스의 분위기를 조금은 낼 수 있도록 해주려는 배려의 모습이고 섬김의 모습이었다. 물론 사람이 모여 사는 곳에는 언제나 그렇듯 고민도 있고, 갈등도 있고, 오해도 생기기 마련이다. 그러나 서로의 모습을 꽤나 많이 열고 소통하며 섬기려고 애쓰는 모습을 통해 자연스럽게 세워지는 리더들의 권위는 나에게 큰 도전을 안겨다 줬다.

> "어느 때나 하나님을 본 사람이 없으되 만일 우리가 서로 사랑하
> 면 하나님이 우리 안에 거하시고
> 그의 사랑이 우리 안에 온전히 이루어지느니라."[요한1서 4:12]

이 배를 방문하는 사람들이 한몸이 되어 섬기는 크루들의 모습을 통해서도 하나님의 사랑을 발견하고 도전받고 동참하기를 기도한다.

성대한 환영식

전 세계에서 모인 400여 명의 무급 자원봉사자들은 로고스 호프의 역동적이고 다양한 모습의 밑바탕이다. 이 이야기를 들

는 대부분의 사람은 본인의 귀를 의심한다. 그게 어떻게 가능한 일인지 되묻는 경우가 허다하다. 2016년 9월 23일, 나는 이런 신기한 배의 크루가 되어 그 사역에 합류했다. 승선의 날은 지금도 생생하다. 누가 봐도 한국에서 넘어온 '독도는 우리 땅' 스티커가 붙은 낡은 중고 버스 3대에 다시 올라탄 120여 명의 새로운 크루들은 흥분을 가라앉히지 못했다. 로고스호프가 정박해 있는 항구까지 몇십 분을 달려가는 그 시간이 마치 몇 시간이 걸린 것처럼 느껴졌다. "자, 여러분을 환영하기 위해 전 크루들이 기다리고 있습니다. 내려서 같이 이동할 테니 잠시만 내려서 모여주세요." 여기저기 그 순간을 기록하고자 가지고 온 핸드폰, 카메라와 고프로를 준비하는 데 여념이 없었다.

"자, PST 구호를 한 번 외치고 입장하도록 할게요! PST TEMA! 'Jesus Loves us who are we, we are tema PST, Arrrrrrrrrrrr!'"

(예수님이 사랑하시는 우리, 우리는 PST TEMA! 우루루루루루루!)

구호가 끝나기 무섭게 달려가는 우리는 숨을 헐떡이면서도 솟구치는 아드레날린에 함박웃음을 지으며 그 짧은 순간에도 눈앞으로 다가오는 풍경을 주의 깊게 둘러봤다. 기존의 크루들로부터 귀가 터지도록 쏟아지는 함성과 펄럭이는 만국기가 눈에 들어왔고, 로고스호프만의 성대한 환영을 받으며 크루들이 흔들고 있는 만국기 터널을 통과해 삐걱이는 철제 계단(갱웨이)

을 처음으로 올랐다. 꿈에만 그리던 로고스호프의 크루가 되는 순간이었다. "로고스호프에 승선하신 것을 공식적으로 환영합니다."

다목적으로 사용되는 '로고스 라운지'에 모인 120명의 PST TEMA를 환영하는 인사부장이 선장과 단장을 소개해줬고 이어서 짧은 오리엔테이션을 진행했다.

"여러분의 빅 브라더와 빅시스터가 내부 안내를 도와줄 겁니다. 함께 배를 한 바퀴 둘러보고 나눠드린 체크리스트에 빈칸을 채워서 다시 모여주세요."

"LJ혀어엉!"

어색한 한국어로 나를 부르는 친구가 있어 돌아보고 깜짝 놀랐다. 미국 플로랜스에서 만났던 쿠바 친구 '압딜'이었다. 나의 선임, 빅 브라더가 된 것을 환영한다며 반갑게 껴안았다. 함께 일했던 경험도 이미 있었기에 서점에서 함께 일할 시간들이 더욱 기대된다며 서로 반가워했다.

선장과 갑판 크루들이 일하는 브릿지부터 아플 때 찾아가야 할 클리닉 등등 홍콩에서 잠시 둘러보았던 배를 다시 구석구석 살펴보니 만감이 교차했다. 100만 권의 책과 생활에 필요한 물품과 식자재가 적재된 배(폭 21m, 길이 132.5m, 높이 9층)를 돌아보는 데 생각보다 꽤 시간이 걸렸다. 2년 동안 60여 개국에서 온

400여 명의 친구들과 함께 먹고 자고 일하고 생활할 집이라 생각하니 기분이 묘했다. 주의 사항을 숙지하고 비상 상황 발생 시의 대피 장소까지 꼼꼼하게 확인했다. 그리고 앞으로 생활할 캐빈에도 들러 짐을 풀기 시작했다.

대부분의 벽이나 기둥이 강철로 이루어진 배의 특성상 배에서는 자석을 많이 활용하는 편이다. 한참 계단을 내려가서 굽이진 복도를 따라가다 보니 앞으로 생활할 캐빈 299호에 도착했다. 1990년대 학창 시절을 떠올리게 하는 환영 카드가 문 앞에 덕지덕지 붙어 있었다. 참 오랜만에 보는 손편지들이 마음을 뭉클하게 했다. 캐빈 안으로 들어가니 침대 위에도 환영 카드와 함께 더불어 신라면 한 봉지가 올려져 있었다. 입실을 환영하는 선물이었다. 알고 보니, 배에서 가장 인기 있는 간식이 한국 라면이란다. 크루들을 위한 구멍가게가 있는데 거기서 한국 인스턴트 라면을 판다는 희소식이다.

"LJ, 캐빈에서 좀 쉬고, 저녁에 호프씨어터에서 열릴 환영파티에서 봐! 3층이야 3층!"

내가 속한 PST TEMA의 지난 2주간의 훈련 과정을 요약한 영상을 시작으로 어색함을 없애기 위한 아이스브레이킹 게임, 부서별 환영, 기존의 크루들이 선상 생활에 필요한 팁을 알려주는 영상이 차례차례 진행되고 상영됐다. 번쩍이고 기발한 아이디어로 재미있게 부서를 소개하고 배의 구성원이 된 새 PST 를 서로 알아가는 축제 분위기였다. 분위기가 무르익어갈 무렵 MC가 무대로 올라왔다.

"새로운 PST의 합류를 다시 한번 환영합니다. 앞으로 함께 생활할 날들이 기대됩니다. 마치기에 앞서 진행할 로고스호프 의 전통이 있습니다. 기억하시기 바랍니다. 여러분은 우리의 기도 응답이자 우리가 경험하는 기적입니다. 여러분 한 사람 한 사람이 도착하기까지 많은 분의 헌신과 노력, 기존 크루들 의 기도가 쌓여 있습니다. 기존 크루들은 두 사람씩 짝을 이루 어 손을 맞잡고 기도 터널을 만들어 주시고, 새 PST가 그 아래 로 지나갈 때 축복과 격려의 기도를 해 주시기 바랍니다."

기존의 크루들은 큰 원형의 기도 터널을 만들어 주었고, 우 리는 그 아래를 통과했다. 말로 표현할 수 없는 감동과 뜨거움 이 몰려왔고 허리를 숙여 터널을 통과하던 나는 나도 모르게 눈물을 흘리고 말았다. 기도 터널 꼬리의 끝, 호프씨어터의 중 앙에 모인 우리는 기존의 크루들에게, 우리를 둘러싼 큰 원을 그리고 있는 그들은 우리에게 손을 내밀어 축복과 환영의 기도 와 다양한 감정이 섞인 포옹을 나누었다.

머릿속에 맴도는 말을 가슴에 품은 채로 내가 속한 PST TEMA의 로고스호프 생활은 시작되었다.

'여러분은 모두 우리의 기도 응답이자 우리가 경험하는 기적입니다.'

한국인
기도그룹

나는 예전부터 특별한 이유 없이 들리는 소리가 매력적인 영어를 참 좋아했던 사람이었다. 그래서 가장 크게 염려되는 부분 중의 하나인 언어에 대한 것은 크게 걱정하지 않았다. 하지만 로고스호프에 승선한 후 매일 다양한 억양을 가진 친구들과 함께 영어로 대화하면서 내 진짜 실력은 발가벗겨진 것처럼 드러났고 머리가 지끈지끈 아파왔다. 60여 개국에서 온 400명이 가진 갖가지 억양은 아무리 주의를 기울여도 처음에는 알아 듣기가 쉽지 않았다. 뇌가 금세 피로해지다 보니 몸도 따라 쉽게 피곤해지는 것은 당연했다. 엎친 데 덮친 격으로 무엇을 하더라도 잘해야 한다는 무의식에 존재하는 한국 사람의 강박관념에 사로잡혀 있다 보니 내 자신이 얼마나 부끄럽게 느껴졌는지 모른다. 모국어가 아니다 보니 주의를 기울이지 않으면 영어가 전혀 들리지 않는 것은 어쩌면 당연한 일인데도 나는 늘 괴로워했다. 반면, 수 미터를 떨어져 있어도 모국어인 한국말은 거짓말처럼 나의 달팽이관을 통과해 크게 외치는 소리같이 들리는 기적을 경험했다.

하루는 무심코 복도를 걸어가던 중 속삭이는 한국말 소리에 반갑게 고개를 들어 보니 점점 다가오는 아시아인이 보였고, 잠시 후 그 사람의 배지에는 반가운 태극기가 보였다.

"안녕하세요, 저는 인터내셔널카페에서 일하는 윤안나라고 해요. 무척 반가워요! 캐빈에 붙여둔 초대장 보셨죠? 매주 화요일에는 한국인들 기도 모임이 있으니까 기억해주시고 소피아 룸에서 봬요. 이 복도에 있는 방이에요. 카렌룸의 옆에 있어요. 깜짝 선물도 준비되어 있다는 건 비밀이에요!"

잠깐이었지만 모국어로 먼저 말을 건네어 준 친구가 너무 반갑고 고마웠다. 꼭 선물 때문이 아니라 긴장하지 않아도 들을 수 있고 말할 수 있는 모국어를 사용할 수 있는 화요일에 있다는 그 모임이 기다려졌다.

'소피아 룸과 카렌 룸'

무슨 의미로 붙여놓은 방 이름일까 싶어 기존의 크루들에게 물어봤더니 이 두 방에는 사연이 있었다. 수년 전, 필리핀에서 외부 사역을 진행하던 중, 오사마 빈라덴의 동생을 비롯한 테러 집단이 현장에 수류탄을 투척했고 이로 인해 카렌과 소피아 선교사가 현장에서 운명을 달리했다고 한다. 그들의 헌신과 수고, 동료들의 슬픔과 아쉬움을 달래고자 로고스호프에는 그들의 이름을 딴 두 개의 방이 마련되어 있다. 다용도 목적으로 사용되는 이 방은 그들의 역사가 더해져 많은 울림을 주고 있었다. 그런 방에서 더구나 먼 타지에서 모국어로 소통할 수 있는 소모임이 매주 진행된다는 것이 얼마나 감사한지. 가는 발걸음 속에서 이미 편안함과 위로를 받음과 동시에 어려움을 나누고 서로 의지하고 격려하면서 선상 생활을 잘 할 수 있도록 돕고 기도하는 모습을 떠올리니 참 멋지다는 생각이 들었다. 덤으로 따라온다는 한국 간식과 라면, 음식 교제는 화룡점정, 금상첨화였다.

예정된 때에 소피아룸 문을 열고 들어가자 반가운 한국인들이 몇 명 모여 있었다. 로고스호프의 한국인 25명 중 특히 '미키'라고 불리며 내가 승선한 'TEMA항구' 선발대 팀으로 섬기고 있는 두 살 어린 여동생 현아는 내가 자기소개를 마치자마자 안도의 한숨을 내쉬며 말했다.

"드디어 오빠가 왔네!"

좀 더 일찍 왔었다면 더 좋지 않았을까 하는 생각도 들었지만, 또래 친구들이 있다는 것에 만족하기로 했다. 말이 너무 잘 통했을 뿐 아니라 배에서 생활한 경험이 있고, 연식(?)이 있는 친구들 덕분에 마음 편하게 선상 생활을 시작할 수 있었다. 사실 네덜란드 GO 컨퍼런스에서부터 인지하고 놀란 것은 10대 후반에서 20대 초반까지의 친구가 굉장히 많다는 사실이었다. 그래서 마음을 터놓고 이야기할 수 있는 말이 통할 만한 동년배의 친구들을 두고 기도도 했었다. 나의 기도가 이렇게 응답을 받은 것이 아닐까.

> "진실로 다시 너희에게 이르노니 너희 중의 두 사람이 땅에서 합심하여 무엇이든지 구하면 하늘에 계신 내 아버지께서 그들을 위하여 이루게 하시리라. 두세 사람이 내 이름으로 모인 곳에는 나도 그들 중에 있느니라."[마태복음 18:19-20]

시간이 흐를수록 한국인 커뮤니티는 나에게 더 큰 위로와 격려가 됐다. 친목 모임을 넘어 함께 웃고 울며 기도하는 모임이었기 때문이다.

그 외에도 관심을 가지고 둘러보니 이곳저곳에서 삼삼오오 모여 기도하는 모임은 로고스호프에서 심심치 않게 발견할 수 있었다. 갑판 9층에서는 매일 저녁 9시부터 10시까지 누가 뭐라고 하지 않아도 함께하는 기도 모임이 진행되었다. 파푸아뉴기니 친구들을 중심으로 자연스레 모여 기도하다가 함께 찬양하는 모임이었다. 기도한 후에 대화도 자연스럽게 이어지고 간식도 나누게 되고 서로를 격려하게 되는 이 모임 역시 내 최애 장소가 되었다.

사실, 로고스호프의 선교사 400명은 모두 이민자다. 모든 것이 익숙한 환경을 떠나 굳이 마음 편하지 않은 후원금 모금 활동을 통해 선상 생활을 자처하는 것. 언어가 생각했던 것만큼 통하지 않는다고 속상해 하며 굳이 하루 8시간을 최선을 다해 땀 흘리고 일하는데 수익은 1도 없는 생활을 하는 것, 굳이 편안한 집을 놔두고 4평 남짓한 방을 문화도 생활습관도 다른 4명이 나눠 쓰며 미니멀리즘 생활을 자처하는 것은 상식적으로 이해하기 어려운 일이다. 불편함과 답답함이 있는 것은 사실이지만 그것을 넘어서는 무엇인가가 또 있다.

4년을 에너지가 끊이지 않는 공동체에서 지내다 보니 관찰을 통해 알게 된 사실이 있다. 60개국에서 온 다양한 크루들은 무척 다양해서 지켜보는 것만으로도 재미가 있다. 국가별로 자주 모이는 것으로 유명하면서 모임에는 절대 음식이 빠지지 않는 아시아인, 달달한 간식을 먹고 격렬한 춤과 노래는 기본인 흥이 넘치는 중남미인, 각자의 관심대로 저마다의 장소에서 시간을 더 중요시하는 유럽인들과 북미인. 모습과 피부색은 다 달라도 공통적으로 하나님과의 친밀한 이야기를 가지고 있고 나누는 일과 듣는 일에 마음이 활짝 열려 있다. 놀라운 서로의 이야기들을 함께 들으며 울고 웃다 보면 앞으로 다가올 보이지 않는 미래의 일들도 함께 기도함으로 응원하게 된다.

크루들뿐만이 아니다. 로고스호프는 하루에도 수천 명에서 수만 명의 방문자들을 맞이하는데 하루가 끝나고 나면 아침에 설치했던 안전선과 나누어 주었던 꼬깔콘 등을 회수하며 정리를 한다. 아프리카 가나 테마항에서 마감을 하면서 걸어 나가던 현지 사람들이 배 후미에 멈춰 선 것을 발견했다. 무엇을 하나 유심히 봤더니 현지인들이 다 함께 손을 뻗어 안전과 사역의 열매를 위한 기도를 하고 있었다. 그들은 지구 반대편에서 이곳을 두고 기도하는 후원자분들을 떠올리게 만들었다.

GBA SHIPS 대표직을 물려주던 한 리더의 고백처럼 로고스호프는 정말이지 '기도의 홍수가 쏟아지는 곳'이다. 이런 기도가 쌓이는 곳, 기도가 흘러 넘치는 곳에 일어나는 놀라운 응답과 기적과 같은 일들은 어쩌면 당연한 일인지도 모르겠다.

첫 항해와
선상생활

배 위에서 생활한다는 것은 고정된 육지가 아니라 흔들리는 물 위에서 불편한 삶을 산다는 것을 의미한다. 항해를 시작했다는 사실을 눈치채는 것은 그리 어려운 일이 아니다. 로고스 호프에 승선한 후 바로 이어진 아프리카 가나에서의 첫 항해는 지금도 잊을 수 없다.

몇 년 동안 상상만 하던 곳에 있다는 사실에 흥분이 가시지 않던 나는 이곳저곳을 기웃기웃하며 둘러보다 배에 있는 악기들 중의 하나인 드럼을 발견했다. 10년 가까이 교회에서 드러머로 활동했던 나는 반가운 마음에 자리를 잡고 연습을 했다. 얼마 지나지 않아 뒤에 설치된 커튼이 좌우로 왔다갔다하며 '끼익 끼익' 하는 소리를 냈다. 창밖을 보니 해수면이 내려갔다 올라갔다 하는 것이 보이고 이내 곧 매스꺼움을 느꼈다. 그래도 첫 항해에 신이나 동료들과 옥상에 올라가 끝없이 펼쳐진 대양을 만끽했다. 바다를 가르며 앞으로 나아가는 배와 그 위에 있는 내가 너무 신기하게 느껴질 따름이었다. 또 다른 멘토 목사님이 나에게 해주신 말씀이 생각났다.

"지현아, 잘 다녀와라. 정말 방주에서 생활하는 것 같겠다. 네 의지로 조타키를 잡고 항해하던 것을 내려놓고, 네가 어찌할 수 없는 곳에서 이끌어 가시는 대로 따라가는 네 새로운 일상이 많이 기대된다. 건강히 다녀와. 나중에 잘 나눠주고."

목적지를 정해놓고 가지만 한편으로는 정말 믿고 맡김으로 시작하는 이 여정이 무엇을 보여줄지, 나를 어디로 데려갈지

기대됐다.

'딩동뎅'

이내 페이지(안내 방송)가 들렸다.

"이것은 훈련 상황입니다. 이것은 훈련 상황입니다. 컨트롤 팀 스테이션 1 집합."

비상 상황 대비 훈련이었다. 모든 선원은 이미 계획되어 있는 장소에 모여 구명조끼를 휴대한 채로 상황을 주시하며 기다려야 했다. 집합 장소의 이름은 간신히 외우고 있었지만 어디가 앞인지 뒤인지 여전히 헷갈렸다. 그래서 일단은 내부로 들어가 보이는 사람을 무작정 잡고 물어봤다.

"로고스라운지가 어디에 있는지 알아?"

"아프트(뒤쪽)로 가면 돼. 저 쪽이야."

친절히 알려주는 기존의 크루들의 안내를 받아 마스트스테이션(집합 장소)으로 이동했다. 입구에서 구명조끼를 나눠주고 각자의 이름을 부르며 인원을 확인하는 컨트롤팀의 안내를 따라 첫 드릴(훈련)을 받았다. 물론 구명조끼를 받으면서부터 조금씩 심해진 멀미는 나를 육체적으로 힘들게 만들었고, 그저 어디 드러누워서 쉬고 싶었다.

"처음 한 훈련이었는데 35분 정도 걸렸네요. 잘했습니다. 매주 훈련을 진행할 텐데 신속하게 반응해서 우리의 안전에 이상이 없도록 철저히 준비합시다. 수고하셨습니다.”

캡틴(선장)의 사후평가가 끝난 후 모두 자신이 속한 부서로 돌아가 일을 시작했다.

어찌 보면 당연히 예상할 수 있었던 멀미는 생각지 못한 의외의 복병이었다. 엎친 데 덮친 격으로 3층에 있는 창고에 있는 수만 권의 쌓인 책을 정리하는 일이 나를 기다리고 있었다. 참고로 3층에는 창문이 없다. 책에서 나는 종이 냄새와 먼지가 풀풀 나는 창고에서 흔들리는 배를 온몸으로 느끼며 나는 점점 바닥과 가까워져 가고 있었다. 메스꺼움과 두통이 점점 심해지면서 일을 온전히 할 수 없었고, 결국 난 바닥을 기어 다니고 있었다. 그때 들려오는 페이지(안내 방송)를 들으며 위로받은 것은 나 혼자만 뱃멀미에 힘들어하는 것이 아니라는 사실이었다.

“뱃멀미를 심하게 하는 사람들은 덱 5(5층) 포트사이드(왼쪽)에서 쉬어도 좋습니다.”

안내방송을 따라 포트사이드가 어디인지도 모르지만 5층으로 갔다. 나처럼 멀미의 고통을 호소하는 꽤 많은 친구가 5층 로비에 난민처럼 이불과 베개를 가지고 누워 있었다. 캐빈에서도 배의 움직임이 계속되었기에 적응하기가 쉽지 않았지만 그렇게 나의 선상 선교 생활은 시작되었다.

창문이 없어 빛이 들어오지 않는 수면 밑에 있는 캐빈에서는 알람을 맞춰 놓지 않으면 낮과 밤, 시간을 가늠하기는 불가능했다. 아침햇살에 눈을 뜨는 주말의 느낌은 찾을래야 찾아볼 수 없는 환경이다.

아침 메뉴는 시리얼과 우유, 요거트와 과일 통조림, 식빵과 잼, 크림치즈와 버터가 대부분 제공되는데 처음에는 꽤 괜찮은 조합이라 생각했다. 하지만 역시 특식은 가끔 먹어야 맛있는 것이었다. 늘 점심으로 나오는 샌드위치도 조합을 바꿔가며 먹고 샐러드도 만들어 먹으니 저절로 다이어트가 되는 식단이다. 그마저도 400여 명이 함께 나눠 먹어야 하다 보니 먹을 수 있는 양에도 대부분 제한이 있다. 소시지 2개, 찐계란 한 스쿱, 바나나 한 개 이렇게 말이다.

'딩딩딩'

식당에 있는 벨이 3번 울리면 한 번 더 먹을 수 있는 기회가 왔다는 신호다. 파블로프의 조건반사처럼 크루들은 세컨벨을 들으면 식욕이 솟구친다는 것은 부정할 수가 없다. 물론 배고픔 앞에서는 장사가 없다고 소시지 하나, 계란 하나에 어린아이처럼 민감하게 반응해 말다툼이 생기고 마음이 상하는 일도 종종 일어나곤 한다. 사실 부모님이 늘 이야기하셨던 것처럼 하루에 한 끼도 먹지 못하는 빈곤에 허덕이는 많은 사람이 있는데 끼니를 거르지 않고 깨끗한 곳에서 안전하게 식사를 할 수 있다는 것에 대한 감사함을 많이 잊고 사는 것 같다.

선한 일을 하기 위해 인생의 큰 부분까지도 어찌 보면 희생하고 온 동료가 그런 반응을 보일 때면 어이가 없기도 하다. 그러나 인간의 이기적이고 악한 민낯이 그대로 드러나는 순간들을 통해, 얼마나 선하게 살려고 노력하느냐에 상관없이 우리가 얼마나 용서와 사랑이 필요한 존재인지를 다시 한번 깨닫는다.

우리는 부족함을 느낄 때 기존에 있던 것의 가치를 새삼 깨닫는가 보다.

제한된 음식의 양과 마찬가지로 배에서는 제한된 것이 생각보다 많다. 그중의 또 다른 예는 3분 샤워. 문자 그대로 1인당 1일 3분의 샤워 시간이 주어진다. 몸을 물에 적시고 수도를 잠그고, 비누칠과 샴푸질을 한 후 거품을 씻어내는 식의 샤워를 해야만 가능하다. 피곤한 몸을 샤워꼭지에서 나오는 따뜻한 물로 달래는 사치는 불가능한 것이다. 실제로 매일 사용되는 물의 양이 배 곳곳에 설치된 모니터에 그래프로 표시되고 사용량이 많아지면 페이지가 나온다.

"사랑하는 크루 여러분, 우리 모두 깨끗이 샤워를 한 후 만끽하는 휴식을 무척 좋아합니다. 하지만 지금처럼 물을 사용한다면 5일에서 7일, 어쩌면 그 이상 샤워를 할 수 없는 상황이 발생합니다. 3분 샤워! 할 수 있습니다! 상쾌한 하루 보내세요!"

배에서 사용되는 모든 깨끗한 물, 버려야 하는 생활하수와 화장실에서 나오는 오수 역시 막대한 비용을 지불해야 얻거나 버릴 수 있다. 항구에 정박하는 비용도 하루에 수백만 원이다. 그뿐만 아니다. 식재료와 생활 물품을 받는 데 소요되는 컨테이너 비용, 인터넷 사용비, 수억 원이 들어가는 기름값 등등 배를 유지보수하고 그 안에서 생활하는 데 상상 이상의 비용이 들어간다.

또한 짧게는 3주에서 길게는 3달 정도 한 장소에 머물다가 지속적으로 다른 항구와 나라로 이동을 하며 생활하고, 일반인에게 활짝 개방해 하루 2천 명에서 3만 명의 방문객을 맞이하는 로고스호프는 어디를 가도 특별손님이다. 게다가 60여 개국에서 온 400여 명의 비자 문제를 해결하는 것 역시 큰일이다. 항구에 도착을 해도 마음대로 배에서 내릴 수 없는 것도 이와 연관되어 있다.

"여러분, 가나의 두 번째 항구인 타코라디에 오신 것을 환영합니다. 배가 아직 클리어되지 않았으니 인내심을 가지고 기다려 주세요. 세관 검역이 끝나면 다시 알려드리겠습니다. 다시 한번 알려드립니다. 배가 아직 클리어되지 않았습니다. 다시 방송될 때까지 아무도 배를 벗어나서는 안 됩니다."

문자 그대로 해당국 항만청의 허가가 떨어지기 전까지는 한

발짝도 디딜 수 없다. 상황은 늘 변화하며 방송과 갱신되는 정보를 귀 기울여 듣지 않으면 곤란한 상황에 빠질 수 있다.

"새로 합류한 PST 여러분, 많은 정보와 변화가 많은 소식에 정신이 없죠? 로고스호프에 오신 걸 다시 한번 환영합니다. 오리엔테이션에서 말씀드렸지만 한 번 더 강조합니다. 모든 갱신되는 내용은 곳곳에 설치된 모니터를 통해 확인해 주시고, 이메일로도 전송되니 자주자주 확인해 주세요. 그리고 저녁에 있을 항구 오리엔테이션에도 꼭 참석해 주세요. 주변에 좋은 친구가 많이 있습니다. 질문을 통해 확인해 주세요!"

환경이 자주 바뀌는 로고스호프에서는 방송을 정말 자주 한다. 실제로 개인뿐 아니라 로고스호프 전체 방문 일정이 무난하게 진행되려면 정박한 곳의 개괄적인 설명과 주의 사항, 문화적으로 이해하고 배려해야 할 점, 심지어 옷을 입는 법과 외출 시 요구되는 그룹의 사람 숫자까지 숙지해야만 한다.

"이번 항구는 갱웨이에서 항구 입구까지 약 2km 떨어진 곳입니다. 특히, 해군부대 항구에 정박해 있고 유조선이 간혹 오가기 때문에 안전과 보안 유지에 각별히 주의해야 합니다. 항구 안은 군사 시설이니 사진 찍지 말아주세요. 앞에 지도에 보이는 빨간 네모가 그려진 곳은 이용할 수 없는 곳이니, 꼭 녹색으로 표시된 화살표 방향대로 돌아서 이동해 주세요. 항구에 입출입할 때에도 크루 배지를 항상 휴대해서 본인의 신분을 확인해야 하고, 방문객이 들어오는 문 옆에 작은 문이 별도로 마련되어 있으니 작은 문만 이용해 주세요. 이번 항구의 입출입 규정에 따르면 3인 이상의 혼성 그룹이어야 하고, 통금 시간은 저녁 10시입니다. 10시까지는 모두 승선해 있어야 합니다! 방문 금지 구역과 위험구역, 이용할 수 있는 대중교통, 휴일에 방문할 만한 장소에 대한 정보는 덱 5 포트사이드 게시판을 참고하시고, 모두 현지인에게 본이 되는 모습을 보여주시길 부탁드려요."

제한 사항과 주의 사항이 많아서 정신이 없지만 가이드라인을 준수함으로써 배가 기도하면서 준비한 사역들을 문제 없이 진행할 수 있고 현지인과 소통하며 좋은 영향을 미칠 수 있다.

이렇게 불편한 삶을 자청해서 살아가는 로고스호프 크루들의 삶은 작은 세계, 작은 나라, 작은 도시이자 작은 팀이라 할 수 있다. 편리함을 내려놓고 사는 것이 쉽지 않은 선택이기에 대단한 사람들이라 생각할 수도 있다. 하지만 이들도 강점과 약점을 두루 갖춘 평범한 사람들이다 보니 다툼과 오해로 힘들어하는 날들도 있다. 소통하며 머리를 맞대어 함께 아이디어를 내고 협력하지 않는 일은 하나도 없다. 무의식 중에, 선교하는 것이 특별한 사람들만 할 수 있는 것, 반드시 특별해야만 하고,

대단한 성과를 내야만 한다는 강박관념에 사로잡혀 있을 때가 종종 있다. 로고스호프 생활을 통해 분명히 배운 사실은 우수함이나 탁월함을 가진 사람보다는 사랑과 헌신을 바탕으로 하는 사람들이 협력을 통해 위대한 일을 만든다는 것이다.

칠레에서 온
발렌티나의 간증

안녕하세요? 칠레에 살고 있는 스무 살 발렌티나예요. 지금은 대학에서 공부를 하고 있죠. 제 인생에서 기억할 만한 몇 가지 큰 사건을 말씀드리자면 먼저 저는 2018년 인생 최고의 변환점을 맞이했어요. 예수님을 마음에 받아들였기 때문이죠. 무엇보다 놀라운 것은 하나님이 제 속에서 어떻게 일 하시는가예요. 그 이후 저는 교회 내에 머물러 나만을 위해 있기보다 하나님을 위해 뭔가 해야 할 것 같다는 생각을 끊임없이 하기 시작했어요. 어려서부터 왠지 모르게 사람들을 돕고 싶었어요. 언어에도 관심이 많았죠. 초등학교 때부터 영어를 배웠고 열네 살에는 영어로 대화를 시작하게 됐어요. 4년이 지나고 영어가 어느 정도 늘어 '어? 내가 영어를 조금 하는구나?' 하는 생각이 들자 하나님을 위해 쓰겠다는 마음을 먹게 되었죠.

2019년 기회가 찾아왔어요. 로고스호프라는 배가 도착할 수 있도록 준비하는 선발대를 제가 살고 있는 도시 콘셉시온에서 만났죠. 세계를 돌아다니며 책과 사람, 문화, 지식을 통해서 사람들에게 희망의 메시지를 나누는 로고스호프의 이야기는 꿈만 같았어요. 저는 누구보다 먼저 자원봉사자로 나섰고 그동안 갈고 닦은 영어 실력을 통해 통역사로 선발대와 함께 일했어요. 끝없는 서류 작업, 정부나 다양한 단체와의 미팅, 교회 방문 등 정말 눈코 뜰 새 없이 바빴어요. 그 바쁜 시간을 통해 배운 것은 나이가 많든 적든, 동양인이든 서양인이든 상관없이 예수님을 믿는 사람들은 모두 하나의 가족이라는 사실이었어요.

수많은 날을 고생해 준비한 후 배가 도착하는 날은 정말 꿈만 같았어요. 물론 여전히 많은 일이 있을 것이라는 것을 알았고, 매일 버스를 타고 45분 동안 이동해 8시까지 로고스호프가 정박한 항구로 오가는 일은 예상한 만큼 피곤했죠. 몇 주 후 저는 무척 감사하게도 로고스호프에서 며칠 동안 머물 수 있는 특권을 누렸어요. 많은 크루를 만나 그들의 이야기를 듣고 그들이 이곳저곳에서 다양한 모습으로 열정적으로 하나님과 사람들을 섬기는 모습을 볼 수 있었다는 것은 저에게 복이었어요.

생각해보면 더 많은 일을 할 수 있었을 텐데 더 많이 움직이지 않았던 것 같아요. 지금도 그 경험은 너무 선명하게 제 기억 속에 남아 있어요. 예수님을 믿는 사람이라면 귀에 딱지가 앉도록 들어본 마태복음 28장 19절의 '모든 민족에게 예수님을 전하며 살라'는 말을 그때 제대로 이해한 것 같아요. 모든 민족이 다른 나라만을 의미하는 것이 아니라 그 나라 사람, 종족, 언어, 문화를 포함한다는 사실을 이해할 수 있게 되었어요. 충격이었죠. 생각해보면 우리는 늘 모든 민족과 함께 있잖아요. 조금만 둘러봐도 여행자, 이민자들을 찾는 것은 어려운 일이 아니죠. 그리고 우리 모두는 숙제를 받았죠. 로고스호프를 통해 배운 것이 너무 많은데 세 가지만 나누고 이야기를 마치고 싶어요.

먼저, 선교적인 삶은 예수님이 살아 있는 삶이에요. 지금 살고 있는 나라를 모두 떠날 필요는 없지만 기도로, 후원으로 때로는 실제적인 행동으로 협력해야 해요. 세상에는 예수님이 필요하죠. 가족들도 예수님이 필요하고 모든 사람이 예수님의 사랑이 필요해요. 나누어야 해요.

다음으로 우리는 젊어요. 에너지가 많죠. 교회와 사회에는 우리의 젊은 에너지와 아이디어가 필요해요. 조금만 찾아보면 우리가 동참할 방법과 기회는 넘치도록 많다는 것을 알게 되죠. 찾으셨나요? 그럼 어떤 형태로든 동참하세요. 세상의 채워져야 할 필요가 너무 많아요. 이기적인 삶을 좀 내려놓고 주변에서 필요한 것을 돕는 일을 시작해요. 우리도 할 수 있으니까요. 못 하게 될 날이 올 수도 있어요.

마지막으로 기다림의 시간 속에도 우리가 할 수 있는 것은 언제나 있어요. 다른 나라나 문화를 섬기기 위해 갈 사람도 기다림의 시간이 있을 수 있죠. 아마 지금 당장 해야 할 공부나 감당해야 할 의무가 남아 있을 수도 있어요. 저는 선교 현장에 실제로 가서 동참하고픈 꿈이 생겼어요. 로고스호프가 떠난 후 저는 왠지 모르게 느껴지는 공허함에 기다림의 시간에도 할 수 있는 것들을 보여달라는 기도를 했어요. 하나님은 제 기도를 들어 주셨어요. 1년 내내 제가 살고 있는 도시에 있는 많은 교회에서 영어 통역을 부탁했고 미국에서 온 팀의 통역도 담당했어요. 저는 아직 대학생이고 배울 것, 할 것이 무척 많죠. 하지만 선교적인 삶을 살아내는 것에 대한 생각을 멈출 수가 없어요. 대학교에서의 남은 시간을 통해 저는 조사도 하고 하나님을 더 깊이 알아가는 시간을 보내려고 해요. 때마다 할 수 있는 것을 찾아 능동적으로 움직이고 영어도 더 열심히 갈고 닦으려고 해요.

앞으로 저는 무엇을 하게 될까요? 지금으로선 잘 모르겠어요.

다만 하나님께 간절한 마음을 가지고 기도하고 있으니 곧 응답을 받게 될 것이라는 믿음은 있어요.

어쩌면 로고스 호프를 타게 될지도 모르죠. 하지만, 어떤식으로 살게되든 분명한 것은 제삶의 모습을 통해서 사람들에게 예수님을 전하고 보여주고 싶다는 것이에요. 그리고, 그럴수 있다면 어떤 어려운 도전이라도 겁내지않고 해보려고 해요. 여러분도 그런 도전을 멈추지 않았으면 좋겠어요.

PART 4

지식을
나누는 배

"누구나 좋아하는 일,
관심이 더 가는 일이 있다.
받은 재능과 관심이 다르다는 것은
다양한 사람들의
다양함을 모아 협력하면
더 큰 일을 할 수 있다는 것을
의미한다."

100만 권의 책을 나누는
북십(Bookship)

로고스호프는 단체의 근간이라고도 할 수 있는 책을 통해 지식을 나누고, 그 지식이 사람들의 삶을 변화시켜 나가는 원동력이 되기를 기도하고 희망한다. 배에 전시·적재 중인 약 80만에서 100만 권의 책 중에서 가장 나누고 싶은 책은 단연 성경책이지만 그 외에도 5,000여 종의 다양한 서적은 남녀노소 누구든지 배를 방문하고 싶어 하는 매력포인트이자 많은 나라에서 러브콜을 받는 이유다.

각 나라와 항구를 방문하는 것이 쉬운 일은 아니지만 로고스호프는 정박을 한 후에도 수동적으로 방문객이 찾아오기만을 기다리지 않는다. 그 나라에 3~6개월 앞서 도착해서 생활하며 현지 정부와 단체, 학교, 다른 기관과 유기적으로 소통하며 선정된 장소와 마을을 위해 '도서관 프로젝트'를 진행하기도 한다. 사실 여기저기서 많은 요청을 받지만 짧은 기간 머물다 떠나는 고작 400여 명밖에 되지 않는 '외지인'이 할 수 있는 일은 생각보다 많지 않다. 그렇지만 여전히 나누어진 책 한 권이 놀라운 이유는 그 지식을 통해 한 사람의 세계관, 한 사람의 인생이 바뀔 수 있기 때문이다.

첫 라인업(선발대) 프로젝트를 진행했던 과테말라는 한 권의 책이 가진 힘을 여지없이 보여준, 기억에 남는 장소다. 크루들은 일주일에 하루, 현지에 직접 방문을 통해 지역을 섬기고 돕는 C Day(Connection Day)를 갖는데 그 일정을 기획하고 준비하는 것이 나의 임무였다.

언어의 장벽 때문에 헤쳐나가기 힘든 상황이었지만 감사하게도 만난 사람들을 통해 통역을 지원받았고 성경을 번역하는 '위클리프'라는 단체와 연결됐을 때는 정말 기대되는 마음으로 가슴이 쿵쾅쿵쾅 요동쳤다.

각종 책의 기부와 협력할 수 있는 일들을 함께 계획하면서 얼마나 신이 났는지 절로 춤 추게 될 정도였다. 하지만 이 계획은 파나마에서 과테말라로 출항한 로고스호프의 발전기에 이상이 생기면서 수리 계획이 급하게 잡혔고 내가 속한 라인업이 기다리고 있는 과테말라 뿌에르또께짤 항 도착이 3일 늦어지는 사태가 발생했다. 전혀 예상하지 못한 이 일은 도착 예정일이 1주일도 채 남지 않은 가운데 발생했기에 타격이 컸다. 게다가 100여 명의 크루들이 집으로 돌아가고 새로운 100여 명의 크루들을 맞이하는 change over 항구(인수인계가 진행되는 항구)인 까닭에 사역을 감당할 수 있는 준비된 크루들의 숫자도 평소보다 적다 보니 3일 지연은 많은 일정의 취소를 의미했다. 열심히 기도하며 준비했기에 어깨에 힘이 쭈욱 빠지는 기분이었다. 하지만 이 변화의 폭풍 가운데 여력이 되지 않아 협력할 수 없었던 소년원의 작은 도서관 프로젝트가 기적적으로 다시 연결되면서 100여 권의 자기계발서와 리더십 교육 도서와 성경책이 기부되었다. 수년 동안 소년원을 방문하며 스포츠를 통해 그곳의 아이들과 소통하며 사역하던 '베로니카'는 누구보다 기뻐하며 함께 프로젝트를 준비한 내게 메시지와 사진을 보내왔다.

"LJ, 이곳에 방문한 로고스호프의 크루들과 함께 무척 의미 있고 즐거운 시간을 보낼 수 있어서 감사했어. 오늘 지난 수년 동안 기도하면서 꿈꿔온 첫 세례식이 있었는데 로고스호프에서 기부한 성경책이 그 아이에게 전해질 때 눈물이 나더라. 이 어린 친구와 다른 친구들도 이곳에서 접하는 책을 통해서 새로

운 꿈을 꾸고 더 나은 선택을 만들어갈 수 있도록 계속 응원해
줘!"

　베로니카의 메시지는 땀 흘리며 준비했던 사람 중 한 사람
으로서 나에게 엄청난 감동을 선사해줬다. 한 인생에 있어 변
화의 시발점이 될지도 모르는 소중한 순간에 조력자로 참가할
수 있었다는 것이 무척 감사했다. 때로는 아무런 일도 없는 듯
이 지나치는 날도 무수히 많이 있었지만 아무것도 한 것 없는
내가 수십 년 전에 나누어진 책 한 권과 무수히 쌓인 기도의 응
답을 경험하는 기적 같은 순간도 많았다.

　도미니카 공화국에 도착하는 날 '홍보부'의 모든 크루가 소
소한 친교의 시간을 가지기 위해 현지 식당으로 갔다. 배에서
먹을 수 있는 음식보다는 조금 더 세련된 음식과 특별한 음료
수를 먹고 마시는 시간을 가지기 위해서였다. 한 끼에 만 원 이
상 쓰는 것은 매월 3만 원의 용돈을 받으며 지내는 크루들에게
는 사치에 가까웠지만 부서원 전체가 모인 회식 같은 시간이었
기에 부담 없이 럭셔리한 식사를 마쳤을 때였다. '회식'을 마친
우리는 관광지로 유명한 구시가지를 돌아보기 위해 길을 나섰
는데 거리에는 수많은 거리 화가가 이젤과 캔버스를 펴놓고 멋
들어진 그림을 전시하고 판매하고 있었다. 몇 발자국을 내딛었
을까, 한 거리의 화가가 우리에게 말을 걸어왔다.

"혹시 로고스호에서 오신 분들인가요?"

그렇다고 이야기하자 캐리비안에서 로고스가 북십(Book Ship)으로 잘 알려져 있다는 소문은 들었지만 이렇게 도착한 당일에 바로 알아챈다는 사실에 놀라워하며 그 중년의 거리의 화가는 갑자기 굵은 눈물 방울을 뚝뚝 쏟으며 우리 손을 잡았다. 방금 도대체 무슨 일이 일어난 것인지 당황하며 어쩔 줄 몰라 하던 우리에게 그는 이내 입술을 열어 이야기를 나누어 줬다.

"29년 전, 로고스 2호가 이곳 도미니카공화국을 방문한 적이 있었죠. 그때 배에서 구입한 성경책, 만났던 크루들과 함께 보냈던 시간을 통해 난 예수님을 믿기 시작했어요. 행복한 시간들을 보냈었죠. 크루로 배에 합류하고 싶어 찾아도 봤지만 내 영어 실력이 부족해서 그 바람은 이룰 수 없었죠. 그 후 십수 년 동안에 무수한 어려움과 고통의 시간들을 보내며 교회도 멀어지고 하나님과도 멀어진 시간을 술로 채우며 힘든 나날들을 보냈습니다. 사실 우여곡절 끝에 최근에 다시 조금씩 하나님께 가까워지기 시작했는데 오늘 조금 전에 저 멀리서 수많은 만국기를 흔들면서 환호하는 사람들이 타고 있는 배가 한 척 들어오는 걸 봤어요. 주변 사람들에게 물어보니 로고스호라고 하더군요. 그리고 그 사람들이 지금 내 눈앞에 서 있어요. 29년 전에 날 만나 주신 하나님이 여러분을 통해 나에게 잘 돌아왔다고 이야기하시는 것 같아요. 너무 많은 생각이 떠오르고 감사함과 죄송한 마음에 어쩔 줄을 모르겠네요."

"나는 심었고 아볼로는 물을 주었으되 오직 하나님께서 자라나게 하셨나니."[고린도전서 3:16]

이렇게 로고스호프가 나누는 책과 그 책을 나누는 사람들이 함께 나눈 마음과 기도는 '용기', '격려', '희망'과 같은 다양한 형태로 각 사람의 마음에 씨앗처럼 심어 지기도 하고, 수십 년 전에 심어진 씨앗이 자라 열매를 맺기도 한다.

STEP
(현지 자원봉사자 프로그램)

각양 각색의 펄럭이는 만국기와 그 색깔만큼 다양한 피부색과 머리카락, 눈동자 그리고 독특하게 들리는 서로 다른 톤의 억양 때문에 전 세계인의 축제인 올림픽이 벌어지는 곳에 있는 것은 아닌가 하는 생각이 들게하는 이곳의 광경은 1만2천 톤급의 세계 최대의 선상 서점 로고스호프에서 흔히 찾아 볼 수 있는 일상의 모습이다.

한 나라, 아니 한 가족 안에서도 너무 다른 구성원들의 모습 때문에 많은 에피소드가 생기기 마련인데 60여 개의 나라에서 온 400여 명이 함께 살며 생활하며 사역하는 로고스호프의 일상은 두말하면 입이 아플 정도다. 다양성은 많은 에너지를 발생시키는 최고의 연료다.

무대에 서지 못해 안달이 난 활동적인 친구가 있는가 하면 묵묵히 보이지 않는 곳에서 우직하게 섬기는 친구도 있다. 게다가 지금까지 성장해온 환경이 너무 다르다 보니 춤을 춰도 누구는 탱고, 스윙, 왈츠를 추고 누구는 힙합 브레이크 댄스를 뽐낸다. 수십 년간 한국의 대표적인 문화로 알려진 부채춤과 태권도는 로고스호프에서 가장 인기가 있는데 대부분의 한국인들은 자라면서 한 번쯤은 경험한 적이 있고 우리의 문화이기 때문에 타 문화권 사람들에게 메시지도, 감동도 더 잘 전달한다. 이런 문화만 해도 60가지에 달하다 보니 할 수 있는 이야기도 공연도 넘쳐나는 곳이 로고스호프다. 평생을 살아오며 체득한 각 사람이 지닌 문화는 때로는 자연스레 장벽을 허무는 힘이 있다. 최근 몇 년 사이 전 세계적으로 불고 있는 한류 열풍은 로고스호프에서 사역하고 있는 한국인들이 속한 팀이 현지인들 사이에 들어가 사역할 때 특별한 능력을 만들어줬다. 청소년들이 마음의 장벽을 무장해제하고 줄을 서서 대화를 나누길 원했다. 문화가 나눌 수 있는 지식과 힘은 가히 놀라울 정도다.

크루들이 가진 문화 지식은 현지인과의 협력을 통해 나누어질 때 배가 되는데 STEP(Short Term Exposure Program)으로 명명된 현지 자원봉사자 프로그램은 그 열매를 거둘 수 있는 대표적인 프로그램이다. 항구마다 로고스호프는 100명 정도의 현지인 자원봉사자를 모집한다. 문자 그대로 전 세계에서 온 크루들이 때로는 이해하기 힘든 현지의 언어를 통역해줄 수 있으면서 외국인인 우리가 현지인들의 관점을 이해하고 그들에게 가장 필요한 사역을 효과적으로 준비하기 위해서 현지인들과 협력하는 것이다. 그렇기 때문에 이 100명 남짓한 사람들은 그냥 일회성으로 그치는 자원봉사자들이 아니다. 이 프로그램을 통해 크루들과 함께 선교하는 삶을 함께 경험할 수 있고 나아가 항구를 지날 때마다 피부로 직접 체득한 것을 나누고 살아갈 또 다른 일상의 예비 선교사들이 양성된다. 프로그램은 2주라는 짧은 시간 동안 진행되지만 크루들과 밀접한 생활을 하며 친구, 가족, 동역자가 되는 것이다. 실제로 로고스호프의 크루들 중에는 이 STEP을 통해 도전받고 6개월, 1년에서 2~6년까지 헌신하며 선교에 동참하고 있는 이가 생각보다 많다. 덤으로 크루들 역시 현지인을 통해 그들의 삶 속으로 깊숙이 들어가보는 경험을 할 수 있다.

트리니다드에서 처음으로 가까워진 '사라'라는 20대 중후반의 친구도 대표적인 STEP의 열매였다. 많은 현지 자원봉사자처럼 사라도 서점에서 로고스호프의 크루들과 함께 생활하며 듣고 경험하는 배 이야기에 놀라워했다. 우리는 가까워졌고 5명의 친구들이 함께 일정을 맞춰 사라가 계획한 1박 2일간의 현지 투어도 함께 했다. 당시에 나 역시 서점에서 일을 하고 있었는데 하루 1만 명 가까운 방문객을 맞이하며 정신 없이 섬기고 일하고 있었던 터라 사라의 현지로의 초대는 청량음료 같은 시원함이 있었다. 영국에서 온 톰, 스위스에서 온 미카와 시몬, 아루바에서 온 펨케 그리고 나는 업무를 마치자마자 미리 싸놓은 짐을 들고나왔다. 배에 승선한 뒤 처음으로 현지인 집에서 하루를 보내게 된 나는 어린아이처럼 즐거워했다. 사라는 2시간을 운전해가며 섬의 이곳저곳을 구경시켜 줬고 우리는 사라가 섬기고 있는 교회의 청년부 모임도 함께 참가했다. 평범하게 보이는 우리들이 각자 저마다의 이야기를 나눌 때, 우리들과 피부색도 언어도 다르지만 하나님을 사랑하는 마음은 너무도 같았고 트리니다드 젊은이들이 경청하는 모습을 바라보는 내가 되려 감동을 받았다.

트리니다드 출신이자 로고스호프에서 포토그래퍼로 활동

중이던 '링컨'이 귀에 딱지가 앉도록 말한 음식 '더블스'를 맛보며 밤이 깊도록 통금 시간 걱정 없이 주어진 자유를 만끽했다.

통금시간이 있다는 것이 의아하게 들릴 수도 있지만 배가 정박하는 항구는 특별 구역 중의 하나로 출입하는 데 많은 제한이 따른다. 60여 개국에서 온 400여 명의 크루들은 서로 다른 가치 기준을 가지고 있다. 게다가 때로는 특별허가를 받아 정박하는 국가와 항구도 있기에 발생할 수 있는 많은 문제를 방지하고 현지 정부 기관의 배려에 보답하는 의미에서 보통 정해진 시간 내에서 제한적인 입출입을 할 수 있다. 그리고 산업 항구의 경우 안전의 이유로 이동할 수 있는 길이 제한되기도 하고 도보의 이동 자체가 제한되기도 한다. 그런 까닭에 사라의 초대로 맛본 약간의 일탈은 상당히 의미 있는 휴식의 시간이 되었다.

이처럼 크루들이 휴식 기회를 얻고 격려를 받으며 버디(참가자)들을 통해 현지인들의 모습을 좀 더 세세하게 지켜볼 수 있도록 하는 STEP은 여러모로 의미 있는 프로그램이다. 3주간의 만남을 뒤로하고 트리니다드에서 작별 인사를 나눴던 사라는 꼭 다시 보자는 약속을 지켰다. 사실 여러 번 지켰다.

"LJ, 나 너처럼 로고스호프에 크루로 합류할 거야!"

"LJ, 나 너처럼 선발대에 합류할 거야!"

사라는 2017년 10일간 로고스호프와 함께 트리니다드 현지의 자원봉사자로 그리고 2018년 일반 크루로 합류해서 서점에서 1년 이상을 섬겼다. 피해 가길 바랐던 연장의 유혹(?)을 떨치지 못하고 2020년 선발대 코디네이터로 걸음을 이어가고 있는 그녀의 여정이 놀랍다.

그렇게 사라는 선교적인 삶을 살아가는 법을 배우고, 경험하고 만들어가고 있다. 앞으로 어떻게 선교하며 살지 더 설레고 기대된다.

로고스호프
커피클럽

누구나 그렇듯 나도 취미를 가지고 있다. 좋아하는 많은 것 중에서 단연 대표적인 것은 커피다. 다양한 맛과 향, 사람에 따라 달라지는 신기한 매력을 가진 커피에 나는 어느 순간 푹 빠져버렸다. 맛뿐 아니라 사람들과 대화를 나누기에 아주 좋은 도구다. 말 주변이 좋지 않은 나의 부족한 면을 보완하기에는 더 없이 좋은 선택지였다.

로고스호프를 타기 전 2015년 12월, 세상의 미전도 종족을 조사해서 발표해야 하는 과제를 받은 적이 있다. 어떤 나라에 어떤 민족을 골라야 할지 몰라 세계지도를 인터넷에 검색했다. 커피를 좋아하는 내 눈에 띄는 나라는 커피의 나라, 콜롬비아였다. 좋아하는 커피와 연결되어 더 잘 기억하고 관심 있게 조사할 수 있을 것 같았다. 콜롬비아 안에서도 미전도 종족 중에는 '코기' 라는 종족이 있었는데 끌리는 마음에 조사를 마친 후 발표를 했고 사람들과 함께 기도했다. 커피를 시작으로 콜롬비아는 조금은 더 특별한 나라로 내 마음속에 자리 잡았다.

2016년, 예정에 없었던(?) 로고스호프에 합류하기로 마음먹으면서 내가 세운 계획은 많이 바뀌었다. 커피 농장 방문 일정으로 예매해 둔 콜롬비아 행 티켓을 취소하고, 인생 첫 아프리카, 가나로 향하던 나는 설렘으로 가득 찼지만 동시에 사뭇 밀려오는 아쉬움을 감출 수 없었다.

'나에게 남미는 이렇게 멀어지는구나.'

커피로 뭔가 해보겠다던 내 꿈은 끝났다고 생각했다. 돌아보면 무엇이든 내 계획대로 된 적이 그렇게 많지 않다. 특히 로고스호프에 합류하면서부터 경험한 모든 것은 전혀 내 계획과 예상된 시나리오에 없던 굉장히 새로운 것이었다. 새로운 여정은 놀라움으로 가득했다.

꿈에서 멀어졌지만 커피는 내게 여전히 맛있고 에너지를 가져다 줄 뿐 아니라 대화의 기회를 제공해 주는 매력적인 도구였다. 마음이 맞는 크루들과 자주 커피를 내려 마시며 이런저런 이야기를 나눴다. 특별히 둘째가라면 서러워할 정도로 커피 애호가로 알려진 독일의 전기공 랄프, 미국의 요리사 '메튜'와 갑판장 '알렉스'는 정기적으로 나와 함께 커피를 내려 마시며 모임을 가졌다. 잘 내려진 에스프레소와 섬세하게 스팀한 우유를 이용해 아름다운 패턴이 그려진 맛있는 라떼를 그리워하던 우리에게 사무에 능한 랄프가 제안을 했다.

"LJ, 너 바리스타라고 했지? 에스프레소 머신이 있으면 네가 우리를 좀 가르쳐주고 연습해서 배에서도 좀 더 맛있는 커피를 만들 수 있지 않을까? 호텔 팀에서 예산을 빌려서 커피 머신과 장비를 장만해보는 거 어떻게 생각해?"

내가 종종 커피를 내려 마실 때, 꼭 찾아와 칭찬을 아끼지 않던 크루들을 생각하며 우리 넷은 이야기해 볼 만하다고 판단했다. 필요한 장비를 구매하기 위해 소요되는 예산과 운영 목적 등이 포함된 계획서를 작성했다. 커뮤니티를 섬기고 최소한의 마진을 붙여 시간이 걸리더라도 갚아 나가겠다는 계획은 리더들을 납득시킬 수 있었고 우리는 6,000유로를 빌리는 데 성공했다. 그렇게 집기들은 주문됐고 로고스호프 최초의 커피 동아리 '커피클럽'은 시작됐다.

"우리에게 주신 은혜대로 받은 은사가 각각 다르니…. 성도들의 쓸 것을 공급하며 손 대접하기를 힘쓰라."[로마서12:6-13]

로마서 12장 13절에 나오는 '손 대접하기를 힘쓰라'라는 말씀은 커피클럽(코드명 R1213)의 뿌리였다. 우리가 좋아하는 커피로 가능한 한 많은 사람에게 우리가 경험한 하나님의 사랑을 전달하고 싶었다.

2017년 로고스호프 캐리비안 방문 일정은 사역과 더불어 커피클럽의 성장에 지대한 영향을 미쳤다. 자메이카 방문을 통해 세계적으로 알려진 블루마운틴의 커피 농장을 방문하는 기회도 얻었고, 대지진의 피해에서 벗어나지 못한 아이티의 다 타버린 '숯' 커피와 인접한 도미니카공화국의 커피를 비교하며 맛보는 기회도 얻었다. 특별히 아이티에서 10달러를 주고 구매한 도저히 마실 수 없었던 '숯' 커피는 많은 이야기를 담고 있었다. 워크숍을 통해 전해 들은 수많은 비영리 단체의 외부 도움과 자본이 현지인의 재건 의지와 잠재력을 얼마나 '짓밟을 수 있는지'를 간접적으로 경험했다.

'아이티의 실질적 영적 재건을 돕는 성공적인 커피 회사를 만들고 싶다'

선교사역을 선택함으로써 잊힌 줄 알았던 내 '커피를 통한 꿈'은 그렇게 선교 현장에서 상상도 못한 방법으로 성장하고 있었다. 2017년 4월, 바하마스에 도착한 로고스호프의 컨테이너는 나에게 좀 특별했는데 서적과 생활필수품 외에도 6,000 유로 상당의 에스프레소 머신을 비롯한 커피용품 역시 수령할 수 있었기 때문이다. 로고스호프 '커피클럽'의 공식적인 시작이었다.

이후, 커피를 좋아하는 크루들의 안식처가 된 커피클럽은 훈련과 나눔을 이어왔다. 선발대에 합류한 후에도 과테말라에서 농장주 친구를 알게 되었고 미래의 파트너십을 이야기할 수 있는 기회를 얻게 됐다. 브라질과 에콰도르, 콜롬비아에 있는 농장주들과 연결 고리가 생겼다. 나는 지금도 커피를 통한 삶의 변화, 희망의 나눔을 꿈꾸고 있다. 자본도 필요하고 팀원도 필요하다. 때로는 너무 큰 꿈을 꾸는 작고 작은 내 모습에 갑자기 두려움이 엄습하기도 한다. 그런데도 나의 기도는 현재 진행형으로 나아가고 있고 하나님의 기도 응답도 현재진행형이다. 이렇게 내가 좋아하는 일을 통해서 하나님의 꿈을 키워가고 이루어갈 수 있다는 것은 너무 멋진 일이다. 하나님의 스케일은 나의 상상력을 훨씬 뛰어넘는다는 사실은 로고스호프에서 키워갈 수 있었던 커피의 꿈 외에도 상상치 못한 경험을 통해 확신으로 다가왔다.

"이는 내 생각이 너희의 생각과 다르며 내 길은 너희의 길과 다름이니라. 여호와의 말씀이니라. 이는 하늘이 땅보다 높음 같이 내 길은 너희의 길보다 높으며 내 생각은 너희의 생각보다 높음이라."[이사야 55:8-9]

누구나 좋아하는 일, 관심이 더 가는 일이 있다. 받은 재능과 관심이 다르다는 것은 다양한 사람들의 다양함을 모아 협력하면 더 큰 일을 할 수 있다는 것을 의미한다. 내가 좋아하는 일을 좋아해주는 사람이 많이 있다. 그 일을 통해 사랑을 나누고 희망을 나누는 것은 무척 멋진 일이고 감사한 일이다.

남아메리카 아이티의
경제 협력 포럼

쓰나미, 화산 폭발, 허리케인 등 자연재해는 그 지역이 내가 속한 곳이든 아니든 바라보는 이의 마음을 안타깝게 한다.

2010년 전 세계인을 안타깝게 했던 아이티 대지진은 그중의 하나일 것이다.

로고스호프는 2017년 캐리비안 지역 섬나라들을 방문하고 있었는데 7년 전 대지진이 발생했던 아이티 역시 방문할 기회를 얻었다. 이미 수년의 시간이 지났고 수많은 단체와 기업, 국가에서 도움의 손을 더했는데도 아이티의 복구와 재건은 지지부진한 상태였다. 위험지역이 산재한 까닭에 크루들의 출입은 특별한 허가가 없으면 대부분 통제되었다. 현지 자원봉사자의 초대에도 응할 수 없을 정도로 신중에 신중을 기했던 항구였다. 그럼에도 불구하고 아이티는 특별한 사역으로 굉장히 강렬한 인상을 남겨줬는데 그것은 바로 선상에서 이루어진 경제 협력 관련 포럼이었다.

7년 동안 수천억에 이르는, 좋은 의도로 기부된 식량, 생필품 및 재화가 넘쳐나고 NGO 단체를 통해 구호 운동이 펼쳐졌지만 아이티는 여전히 재난의 구덩이를 벗어나지 못한 채 허덕이고 있었다. 포럼에서 MC는 그래프를 보여주며 얼마나 많은 재화가 지난 수년간 아이티로 쏟아져 들어왔는지 상세히 설명했다. 그리고 이어지는 그의 분석은 조금 충격적이었다.

"방금 보신 수치는 아이티의 재건을 충분히 지원할 수 있는 양의 기부된 물품, 식량, 자금입니다.

놀라운 양의 지원이죠. 하지만 수많은 나라와 단체 기관에서 우리에게 나누어 주었지만 실제로는 더 중요한 많은 것을 빼앗아갔습니다. 그것은 바로 자립 의지입니다. 세계 각국에서 덤핑 처리처럼 쏟아져 들어온 재화는 현지의 소상공인들의 경제 활동을 더 힘들게 만들었고 가격경쟁력에서 밀린 현지인들의 상황을 악화시켰습니다. 우리도 일어날 수 있다는 희망을 잃은 것이죠. 진정 아이티를 돕는 것은 무엇일까요?"

많은 경제인과 경찰, 리더 등 요직에 있는 사람들이 모여 심도 깊은 대화를 나눈 이 시간은 포럼의 기록을 남기기 위해 사진기자로서 그 자리에 함께했던 나에게도 큰 여운을 남겼다.

상대와 상황을 고려하지 않은 무분별한 도움은 오히려 해가 될 수 있다는 사실은 가히 충격이었다.

누군가를 돕는다는 것이 누구를 위한 도움이었는지 생각하게 됐다.

자메이카의 한 생닭 납품 업체는 모범 사례로 참여했는데 이들은 기업의 확장과 더불어 지역경제 지원의 가치를 위해 아이티에 공장을 지었다. 이 공장 덕분에 고용이 창출되고 생산된 닭은 역으로 자메이카로 수출되는 시스템을 통해 선순환이 일어나고 있었다. 우리가 자메이카를 방문했을 때에도 큰 스폰서로서 든든한 지원을 아끼지 않았던 이 회사는 나를 포함한 그 포럼에 참석한 사람들에게 굉장한 영감을 주었다.

때로는 종교 지도자들과 사회의 리더들이 가진 통찰력으로 지역사회를 바라보고 힘을 모을 수 있는 것이 무엇인지 이야기할 수 있도록 로고스호프는 중재자의 역할을 하며 이야기들을 펼칠 수 있는 장을 열어주는 역할을 감당했다.

현지의 전문가들과 함께하며 배운 것은 '협력'(team work)의 힘과 영향력 있는 일을 기획하기 위해서는 단기성 '이벤트(event)'가 아니라 '운동(movement)'을 만들어가야 한다는 것이다.

PART 5

도움을
나누는 배

"빨리 가려면
혼자 가고
멀리 가려면 함께 가라."

도움을
나누는 배

카리브해, 캐러비안 지역의
예측할 수 없는 재난

자연재해로부터 자유로운 나라에 산다는 것은 감사한 일이다. 안타깝지만 로고스호프에서 지내는 동안 실제로 허리케인으로부터 타격을 받은 나라들을 방문하는 일들이 종종 있었다. 2017년 강력한 허리케인인 '일마'가 휩쓸고 지나간 캐리비안 일대는 그야말로 황폐한 섬나라가 됐다. 도미니카공화국에 정박 중이던 로고스호프도 기상청과 항만청의 권고로 북상하는 태풍을 피해 해상으로 수백 마일을 이동하고 닻을 내린 채 며칠을 보내기도 했다. 다행히 로고스호프는 영향권에서 벗어나 지냈기 때문에 며칠이 지난 후 큰 일 없이 안전하게 항으로 돌아왔다.

하지만 얼마 지나지 않아 허리케인의 영향으로 95% 이상의 시설이 파괴된 바뷰다 섬을 방문한 것은 가슴 아픈 일이었다. 불행 중 다행으로 그들도 일기 예보에 따라 미리 피신했기에 인명 피해는 없었지만 보금자리를 잃은 이재민들의 슬픔은 컸다. 3주도 안 되는 짧은 방문 기간에 할 수 있는 일은 많지 않았지만, 로고스호프는 라인업(선발대)을 통해 정부 기관, 국제구호 단체 '사마리아인의 지갑'과 함께 협력하며 기여할 수 있는 일을 실행했다. 작은 도움의 손길을 통해 그들이 희망을 잃지 않기를 원했다. 크루들 중 100여 명이 사마리아인의 지갑 구성원들과 함께 경비행기를 타고 현장을 방문해 잔해를 정리하고 지붕과 천장의 복구 작업에 참여했다. 물이 모자란 지역의 주민들을 위해 위생 물품, 정수 필터, 서적을 기부하였다.

피신을 함으로써 목숨은 건졌지만 보금자리를 잃은 1,800여 명의 주민들 중 일부는 황폐해진 집에 돌아와 아픈 마음을 뒤로한 채 함께 복구 작업을 했다. 여기저기 널부러진 문짝과 부서진 집의 조각들을 정리하고 수리하면서 함께 울고 손잡아주며 기도하는 일은 크루들에게도 큰 아픔이었지만 동시에 작지만 큰 위로를 나눌 수 있었던 소중한 기회의 시간이었다.

이후 총리는 전 크루를 초대한 만찬에서 로고스호프 크루들이 나눈 도움의 손길과 정수 필터, 도서 및 위생 물품은 값으로 매길 수 없는 가치가 있는 일이라며 국민을 대표하여 고맙다는 말을 직접 전했다. 예측할 수 없는 재난의 순간은 심심치 않게 우리를 찾아왔다.

2020년 2월부터 코로나 바이러스가 일파만파 퍼져나가면서 로고스호프도 역시 캐리비안에 갇혀 꼼짝달싹 못하게 됐다. 50 년을 이어온 배 사역에서 다시 한번 찾아온 위기의 순간이었다. 천문학적인 비용이 들어가는 로고스호프의 사역 역시 대부분의 사람들과 단체와 마찬가지로 팬데믹 바이러스 상황으로부터 자유롭지 못했다.

막 합류한 80여 명의 크루들은 기도하고 준비하고 도착해서 얼마 지나지 않아 불가항력적인 일로 자신들이 생각하던 현장과 180도 다르게 돌아가는 사역 아닌 사역을 경험하게 됐다. 심지어 일부 크루들은 개인 사정과 후원 교회 및 가정의 요청으로 집으로 돌아가야 하기도 했다. 수천 수만의 사람들을 매일 같이 맞이하던 로고스호프의 크루들은 텅 빈 서점과 방문객을 초대할 수도 방문할 수도 없는 상황에 당혹감을 감출 수 없었다. 그럼에도 불구하고 로고스호프 커뮤니티는 상황을 주시했고 무엇을 할 수 있을지 기도하고 고민했다. 저마다의 자리에서 지난 시간과 감사할 것들을 돌아보며 무엇을 해왔는지보다는 왜 이곳에 있는지가 더 중요하다는 사실을 깊이 이해하기 시작했다. 어쩌면 인식하지 못했던 순간들을 통해 마치 계속해서 우리의 바람대로 사역을 이어왔던 것처럼 착각했던 우리의 민낯을 보게 된 것일지도 모르겠다. 팬데믹 상황을 두고 기도하며 주변의 크루들을 도우면서 로고스호프의 공동체는 함께 성장하고 있었다.

기도하며 할 수 있는 사역을 구하던 어느 순간, 2019년 태풍 '도리안'이 휩쓸고 간 바하마스 아바코 섬에서 복구 작업을 진행하던 다른 단체와 바하마스 정부의 대화가 잘 연결되면서 4개월 동안 발이 묶였던 로고스호프는 다시 닻을 올리고 항해를 시작했다. 아바코는 재난 지역으로 1년 이상 고통받고 있었다. 배가 캐리비안 지역에 있었기에 가능한 일이었다.

허리케인이나 화산 폭발, 코로나 바이러스 같은 일들은 많은 이들이 준비하고 바래왔던 사역의 모습과는 완전히 다른, 계획에 전혀 없던 일이다. 하지만 분명히 로고스호프 공동체가 움직이는 곳에서 일어나는 일은 크루들과 연관된 일임에 틀림없다. 그렇기에 공동체는 우리가 할 수 있는 일은 무엇인지 끊임없이 질문하며 느리지만 꾸준하게 움직이고 있다. 앞으로 어떤 일이 어떻게 일어날지, 로고스호프가 지금껏 해왔던 사역이 어떻게 이어질지 아무도 모르지만 크루들은 배와 연결되어 사역하는 전 세계 곳곳에서 지금도 이어지고 있는 수많은 기도를 기억하고 있다.

남아프리카공화국 출신의 GBA Ships CEO 실란이 자주 인용하던 아프리카 속담이 있다.

"빨리 가려면 혼자 가고 멀리 가려면 함께 가라."

자메이카 난민촌
재건을 돕다

로고스호프의 도움을 나누는 일도 동시에 전 방향으로 일어나는 일이기에 수 없이 많은 이야기가 있다. 그중에서 기억에 남는 이야기 하나는 2017년 로고스호프의 자메이카 방문 당시, 당뇨 합병증으로 오른발을 절단해야 했던 중년 여성 '케이샤'와의 만남이다.

1988년 역대급 허리케인으로 발생한 수천의 이재민을 위해 마련된 난민촌은 30여 년이 지난 지금도 그대로 남아 있는데 케이샤의 집은 이곳에 있다. 지붕에서 비가 줄줄 흘러내린다는 그녀의 나무집과의 만남은 선발대와 협력했던 한 현지인 선교사 '니키'의 도움으로 연결됐다. 배의 정박 기간과 현장의 협력의 정도에 따라 많은 프로젝트가 선정·진행되는데 6주의 기간은 그냥 집을 재건하는데 충분해 보였다. 트로피칼 기후 속에서 생활하는 현지인의 거주 여건과 이용할 수 있는 자원을 고려해 현지 로고스호프의 유지관리보수팀은 현지 교회와의 협력을 통해 목재 지붕과 벽을 보수하는 프로젝트를 진행하기로 결정했다. 현지 교회나 단체와 협력을 할 수 없는 프로젝트는 지양하는데 이는 지속적이고 건강한 후원을 이어가기 위함이다.

선발대에 의해 소식이 전해지자마자 배에서는 설계도를 만들고 목재를 활용한 지붕 제작에 들어갔다.

하지만 배가 항구에 정박한 후 나간 현장 점검에서 크루들은 계획을 변경해야만 했다. 물이 새는 지붕만 예상했던 집은 거의 무너지기 일보 직전의 낡은 집이었기 때문이었다. 유지관리보수팀은 현장 조사를 마치고 돌아온 후 긴급회의에 들어갔고 기도와 회의 끝에 기존의 집을 헐고 나무 집을 새로 만드는 것으로 계획은 수정됐다.

낡고 썩어 들어가던 30년이 넘은 집은 며칠간의 작업 끝에 말끔히 정리됐고 크루들은 배에서 일부 제작해 온 조각들을 이어 붙여갔다. 바닥부터 벽, 화장실, 배관, 지붕까지 정비하고 만들어가는 작업은 여느 때와 마찬가지로 많은 기도와 함께 진행됐다. 건축 프로젝트가 진행된 곳은 오래된 난민촌 지역에다

분열과 갈등이 끊이지 않는 마을이었다.

건축 프로젝트는 마을 사람들의 이목을 순식간에 끌었다. 처음에는 낯선 외국인들의 출현에 퉁명스럽고 날카로운 반응을 보였다. 관광객으로 온 외국인이 익숙한 현지인들은 피부색이 다르고 국적도 다양한 청년들이 우르르 나타난 것이 불편하게 느껴진 모양이었다. 하지만 곧 케이샤의 집을 지어주러 온 로고스호프의 크루들이라는 사실을 알게 되자 그들의 눈빛은 부드럽게 변하기 시작했다. 낡고 삭아 쓰러지기 직전인 목재집을 철거하는 작업부터 구슬땀을 흘리며 일하는 크루들의 모습을 처음에는 구경만 하던 마을 주민들도 이야기를 전해 듣고 도움의 손길을 더해가는 일들이 일어나기 시작했다. 위기의 순간도 있었다. 순조롭게 작업이 한창이던 어느 날 몇 집 떨어지지 않은 곳에서 큰 외침이 들려왔다.

'불이야! 불이야!'

인근 지역에 화재가 발생한 것이다. 이런 우연이 다 있을까. 당시 현장에서 작업 중이던 크루들은 화재 진압 훈련에 숙달된 사람들이었다. 배에서는 1주일에 한 번 화재를 비롯한 재난 대응 훈련을 지속적으로 진행하는데, 크루들은 이런 상황을 대비한 준비가 너무 잘 되어 있었기 때문에 크게 당황하지 않고 마을 주민들을 도와 화재를 빠른 시간에 진압할 수 있었다. 덕분에 큰 불로 이어져 대형사고로가 발생할 수 있었던 아찔한 순간도 피할 수 있었다. 이 일은 입소문을 타고 마을 전체로 퍼져 나가기 시작했고 마을 전체는 화재 진압과 건축 프로젝트를 통해 하나로 뭉쳐지기 시작했다. 마을 주민들의 도움의 손길과 격려로 진행 속도는 탄력을 받았다.

몇 주가 지나고 완성된 케이샤의 새로운 집은 완전히 다른 장소로 탈바꿈했다. 자메이카 국기에 들어가 있는 예쁜 노란색으로 페인트칠까지 깔끔하게 된 케이샤의 집은 개막식을 통해 온 마을 사람들과 함께 축하하는 시간을 가졌다. 니키와 협력하는 교회를 통해 지속적으로 케이샤를 지원하고 도울 수 있도록 하는 사후조치까지도 마무리가 된 협력프로젝트는 당뇨로 다리 한 쪽을 잃은 케이샤와 마을 주민들뿐 아니라 크루들에게도 큰 감동과 뿌듯함을 줬다.

목수로서 벽과 지붕을 재단하고 준비한 독일 친구 '코너드'는 이렇게 고백했다.

'내가 가진 재능을 가지고 이렇게 한 사람의 삶에 큰 도움을 줄 수 있다는 사실이 너무 감사해요. 앞으로도 하나님이 주신 관심과 재능을 가지고 사람들을 도우면서 살아갈 수 있도록 더 실력을 갈고 닦을 겁니다!'

**힘들겠다,
기도하자.**

우리의 내면에서는 마음의 동요가 자주 일어난다. 로고스호프에서의 생활도 예외는 아니었다. 1만2천 톤 급, 9층 높이의 중소형 호텔과 맞먹는 공간에서 400여 명이 함께 생활한다는 것은 결코 쉬운 일이 아니다. 특히 선진국에서 살다 온 친구들은 4평 남짓한 공간을 2~4명이 나눠 쓰는 일이나 24시간 돌아가는 엔진에서 나는 소음과 진동, 안전이라는 명목으로 행해지는 각종 제약 등에 많은 스트레스를 받는다. 혼자 조용하게 지내기가 어려운 상황인 것이다.

주 5일 40시간을 일하는 것이 처음인 사람도 있고, 다양한 문화와 인종이 공존하는 업무 환경이 처음인 사람도 있다. 아무리 천사와 같은 사람도 스트레스를 받으면 예민해지기 마련이고, 때론 감정이 북받쳐 눈물을 흘리기도 한다. 마음속에서 일어나는 폭풍이 잠잠할 날이 없는 것이다. 이처럼 마음의 동요가 일어날 때 교회에 다니는 사람에게 도움을 청하면 대개 다음과 같이 대답한다.

"힘들겠다. 함께 기도하자."

나도 서점에서 일할 때 여러 가지 이유로 감정의 동요를 경험한 적이 있다. 이때 평소와 다른 모습을 본 우리 팀의 리더인 펨케가 해 준 말은 나에게 감동을 주었다.

"얘들아, 하던 일 잠시만 멈추고 이쪽으로 와 봐. LJ가 지금 몸도 아프고 개인적인 이유로 많이 힘들어하고 있어. 잠시 기도를 한 후에 다시 일하자. 그리고 LJ, 기도가 끝나면 물도 좀 마시고 30분 정도 눈 좀 붙인 다음, 상태를 보고 나서 다시 일하든지 하자."

요즘은 어떤지 모르지만, 사회 생활을 하게 된 이후 내가 사람들에게 많이 들어왔던 말은 '아픈 것은 죄다. 네가 아프면 남이 고생한다. 그러니 민폐 끼치지 말아라.', '약육강식의 세계에서 약한 놈은 버려진다. 강해져라.', '무한 경쟁 사회에서는 누구도 나를 돌봐주지 않는다. 네 밥그릇은 네가 알아서 챙겨라.'였다.

펨케의 이 따뜻한 말 한마디를 듣고난 후에 내 등에 올려진 아프리카, 유럽, 아시아, 미주, 오세아니아에서 온 사람들의 손과 저마다의 억양이 섞인 기도는 나를 울컥하게 만들었다. 나는 그때 '아마도 이것이 바로 천국의 모습이 아닐까?'라고 생각했다.

우리 주변에서 잘못된 선택을 하는 사람들의 공통점은 좋은 멘토가 없다는 것이다. 나는 감사하게도 좋은 멘토를 많이 만났다. 함께 고민하고 함께 아파하며 지내 온 시간들은 나이의 많고 적음을 떠나 나를, 아니 우리 모두를 좀 더 아름답고 멋진 사람으로 변하게 했다.

앞이 보이지 않는 캄캄한 어둠 속에서 빛나는 작은 촛불은 그 빛만큼의 어두움을 몰아낸다.

누군가의
도움과 후원

24시간 돌아가는 엔진과 거기에 수반되는 기름값, 하루에 수백, 수천만 원을 지불해야 하는 항구 내 이용료, 400여 명의 비자 처리 비용, 식재료비, 오하수 처리 비용 및 식수 구매 비용 등 수백 가지의 항목에 수억의 돈이 들어가는 로고스호프의 유지 비용은 그야말로 어마어마하다.

30%의 비용은 400여 명의 크루들이 모금해서 매달 지불하는 금액, 또 다른 30%는 선상 서점에서 들어오는 수익금 그리고 나머지 30~40%는 일반적으로 들어오는 기부금으로 구성된다고 간략히 설명할 수 있다. 바꿔서 이야기하면, 로고스호프의 사역은 절대로 혼자 담당할 수 없다.

어떻게 이 일이 가능한지는 누구나 마찬가지로 느끼듯이 정말 이상한 일이다. 이 선교의 소중함을 공감하시는 분들의 수

고와 헌신과 섬김이 더해지지 않는다면 모든 사역은 불가능할 것이다.

자주는 아니지만 배 사역 도중에 이분들을 만날 수 있는 기회가 몇 번 있었다. 자메이카 섬의 두 번째 항구인 몬티고 베이에서 1년에 한 번 주요 후원자분들을 초대해 사역 보고를 하는 후원자의 밤 행사가 열렸는데 이때가 그런 기회 중의 하나였다. 미국, 캐나다, 유럽, 한국 각지에서 대표로 초대된 분들을 맞이하고 지난 사역을 보고하는 행사를 오랜만에 로고스호프에서 진행했는데 지리적으로 가까워서인지 북미에서 꽤 많은 분이 오셨다. 미국에 있는 책 창고에서 만났던 몇몇 분도 오랜만에 다시 만나니 얼마나 반갑던지. 사진기사로서 그분들의 기념사진도 찍어드리고 로고스호프의 이곳저곳을 새로운 마음으로 둘러보다 보니 선교에 대해 다시 생각해보게 됐다.

하지만, 사역의 현장이 언제나 동기부여가 되고, 모든 것이 순조롭게 되는 것만은 아니다. 고민과 슬럼프도 이따금 고개를 쑥 내밀고 나와 마음을 어지럽힌다. 특히, 졸업이나 떠날 날이 다가오면 누구나 다음 진로를 놓고 생각이 많아지듯이, 배에서 보내야 하는 기간이 6개월 정도 남았을 때 이 주제에 대해서 무한반복의 고민이 시작되었다.

그때 터놓고 이야기할 친구들이 있어 무척 감사했다. 복잡한 마음을 나의 측근들과 함께 나눴는데 엔지니어로 일하는 성우와 나눈 대화, 라인업에서 일하는 미키와 나눈 대화는 돌아보면 여러모로 화근(?)이었다.

"사진기사로 섬기는 것도 참 좋은데, 내릴 때가 된 걸까? 동기부여가 잘 안 되네. 새로 적응할 것과 해나가야 할 일들을 생각하니 막막하기도 하고."

"오빠, 라인업해야겠네. 배도 잘 알고 영업도 해 본 사람이고, 딱이네."

"라인업은 아무나 하나. 그리고 필요하다 싶었으면 나한테 제안했겠지. 나 같은 평범한 사람은 그럴 그릇이 못 돼."

"아냐 오빠, 모르는구나. 몇몇 직책은 업무 특성상 라인업팀이 먼저 다가가서 제안할 수 없게 되어 있어. 사진기사도 그중의 하나고. 음… 관심이 없진 않네? 좋아. 내일 보스한테 이야기해 놓을 게. 편하게 이야기만 한 번 해봐!"

사람마다 기질과 성격이 다른 만큼 하나님께 하는 기도에 대한 하나님의 응답을 분별하는 방법도 제각각이다. 공통점이 있다면 기도를 한 후 응답이 되면 마음에 찾아오는 평정심이 아닐까. 내 나이 32세에 배를 타겠다는 생각을 가진 것도 쉽지 않았는데 34세에 2년 더. '이성적으로' 잃는 것이 더 많다고 생각했다. 종이를 꺼내어 적어보고 또 적어봐도 인간의 이해타산으로는 수지가 맞지 않는 장사였다. 그런데 딱 하나 이해할 수 없는 것은 득보다 실이 더 많은 그 길을 생각하면 평안해지고, 이성적인 길은 마음이 편하지 않았다는 것이다.

'그래, 라인업 팀도 어떻게 나를 보고 있는지 알 수 없지만, 어차피 교회도 후원자분들도 부모님도 동의를 얻으려면 첩첩산중이야. 큰 무리 없이 절차들이 해결되면 한번 가보자.'

막상 대화를 나누다 보니, 라인업 팀도 내가 합류하는 것을 환영하는 눈치였고 교회도, 부모님도, 후원자분들도 딱히 이제 그만하라는 이야기보다는 사역을 응원한다는 긍정의 신호가 많았다. 동시에 하나뿐인 여동생의 결혼식도, 연장 절차에 필요한 휴식과 사역 보고를 위한 한국 방문 속에 맞아떨어졌다. 모든 것이 순조롭게 진행되고 한국 방문의 날이 밝았다.

그런데 왜 모든 일이 순조롭게 흘러가면 의심이 다시 드는 것일까? 멕시코에서 한국으로 돌아오는 비행기를 기다리며 밀려드는 복잡한 마음을 가지고 하나님께 기도했다.

'하나님, 저는 말도 언어도 그렇게 탁월하지 않아요. 중남미에서 일하려면 스페인어는 해야 하지 않을까요? 성격도 급하고 창의적이지도 않은 사람인데다가 해야 할 결혼도 늦춰지고… 이것저것 걱정이 많아요. 괜한 일을 하려고 하는 것일까요? 저 같은 사람이 과연 할 수는 있는 일일까요? 바른 선택을 한 것이

맞을까요?'

'당연히' 어떤 말도 응답도 들리지 않았다.

그때, 내 귀를 번쩍 뜨이게 한 것은 다름 아닌 대구 사투리. 출입국 심사대 앞에 줄을 서서 기다리는데 바로 앞에 무척 친숙한 고향 말이 들려왔다. 너무 반가운 마음에 나도 모르게 말을 걸었다. 알고 보니 멕시코 칸쿤에서 신혼여행을 마친 새 신랑, 새 신부였다. 그쪽도 무척 반갑게 말을 받아줬고 점심도 함께 먹으며 이런저런 이야기를 했다. 게다가 예수님을 믿는 사람들이었기에 나는 더 신이나 로고스호프의 이야기를 나누었다. 2년 만의 귀국길에서 고향 사람들과 만나서 심심하지 않게 갈 수 있는 것도 감사한데 말도 이렇게 잘 통하다니 기적 같았다. 하지만 이내 들려오는 새 신랑 영선 씨의 말은 도대체 무엇이라 설명할 수 있을까?

"형님, 오늘 처음 뵌 분이지만 하나님이 준비한 귀한 만남이 아닌가 생각이 드네요. 제가 소방공무원인데 사실 전에 신학을 공부할까 하는 고민도 했었고 선교지에 나가고 싶은 마음에 조사도 해 봤습니다. 이번 신혼여행을 떠나기 전에 기도도 드리고 아내와 함께 이야기하기를 즐겁게 시간 보내고 오는 것 외에 하나님 기뻐하시는 일도 할 수 있었으면 좋겠다고 했었는데, 돌아가는 길에 형님을 만나고 선교지 이야기를 들은 것이

기도 응답인 것 같습니다. 괜찮으시면 적은 금액이지만 형님 하시는 선교, 2년 꾸준히 후원하고 싶습니다."

새로운 시작을 앞둔 수많은 질문을 던지는 나에게 하나님이 확신의 도장을 '쾅'하고 찍어주는 순간이었다. 그렇게 만나 동생이 된 영선이는 2년 동안 꾸준히 기부금 만 원과 함께 마음이 담긴 기도로 후원하며 사역을 같이 감당해 줬다.

누군가는 자신의 형편에 따라 마음을 담아 5천 원, 만 원, 천만 원, 몇 억을 후원한다. 누군가는 은퇴 후 거동도 불편한 몸을 이끌고 창고에 찾아와 헌 옷을 잘라 걸레를 만든다. 그리고 그 걸레는 배의 기름을 닦는 데 쓰인다. 누군가는 젊음의 시간을 들여 로고스호프에서 사역한다. 누군가는 자신의 전공을 살려 의사로, 선장으로, 기관장으로, 주방장으로, 목수로, 배관공으로, 용접공으로, 로고스호프에서 사역한다. 누군가는 삶의 현장에서 시간을 떼어 기도함으로써 사역을 후원한다. 저마다의 모습과 방법은 달라도 함께 선교한다. 그리고 필요한 순간에 서로를 세워주는 제 역할을 성실하게 감당한다. 교회 공동체와 가족, 친구 및 지인들, 어른, 아이 구분 없이 기도로 기부금으로 꾸준히 함께해 주신 분들의 마음은 내가 한 발씩 앞으로 나아갈 수 있게 해준 원동력이었다.

인도계 영국인
루주니의 간증

안녕하세요! 저는 인도계 영국인인 루주니라고 합니다. 영국에서 인도인으로 살아가기는 쉽지 않았어요. 전통적인 인도 문화를 가진 우리 가족은 확실히 제가 지금의 모습을 갖추는 데 큰 영향을 미쳤습니다. 그런 제가 다양한 문화를 가진 배에서 생활하는 것은 쉽지 않았어요. 문화 충격도 많이 받았죠. 하지만 저는 2년간 서점에서 섬기는 동안 믿는 사람으로서 형제, 자매가 된다는 것이 어떤 것인지를 제대로 배웠어요. 또 나이를 떠나 겸손히 성실히 순종하는 것에 대해서도 크게 배웠죠.

배에는 정말 지루할 틈이 없어요. 저글링, 드라마, 퍼커션, 커피 클럽 등 할 것도, 배울 것도 너무너무 많은 특별한 곳이죠. 하지만 많은 선택 중에 저는 시간을 떼내어 하나님과 따로 보낸 순간들이 가장 좋았고 기억에 남는 것으로 꼽고 싶어요. 그 시간을 통해서 하나님의 모습을 더 많이 닮아갈 수 있었죠. 그 시간이 없었다면 저는 어려운 시간들을 견딜 수 없었을 거예요.

제가 2년째 접어들며 서점 부서에서 한 명의 리더로 섬길 때의 일이에요. 팀원들 중에서 무례한 친구가 있었는데 하나님께 정말 이 친구랑 잘 지낼 자신이 없는데 어떻게 해야 하는지 모르겠다고 하면서 얼마나 많이 울고 기도했는지 몰라요. 같은 기독교인이고 사랑하는 친구지만 정말 함께 일하기 싫었어요. 하지만 어느 순간 하나님이 저에게 이렇게 말씀하시는 것처럼 들렸어요. '내가 너를 사랑한 것처럼 주변 사람들을 사랑하는 것은 너에게 주어진 책임이야.'

제 힘으로 하는 것이 아니라 하나님이 주는 사랑의 마음을 가지고 그 친구를 세워주는 대화를 하기를 원하신다고요. 3주 이상 기도하며 생각했어요. 왜 그 친구는 저를 이토록 괴롭히고 아프게 하는지, 왜 저도 그 친구를 아프게 하는지 그 이유를 찾을 수 없었어요. 대화할 수 있는 기회를 찾는 것이 쉽지 않았던 저는 결국, 서점 매니저에게 이야기하고 그 친구와 따로 대화하는 시간을 만들었어요. 리더 역시 일어나는 상황을 알고 저를 도울 수 있도록 하기 위해서 보고하고 개별적인 시간을 만들었습니다. 어떻게 이야기해야 할지 무척 많이 고민하다가 질문을 던졌던 것 같아요. 둘 사이에 무슨 일이 일어나고 있는지, 평가하고 판단하는 것이 아니라 왜 불편함이 있고 무엇이 오해인지를 풀기 위해서요.

대화를 나누던 중 그 친구가 문득 깨닫게 된 사실이 있다며 놀라운 이야기를 해줬어요. 곰곰이 생각해 보니 나이가 어린 제가 리더로서 지시를 하는 것에 대한 불편함이 그 친구도 모르게 짜증과 화로 표출된 것 같다고 하더군요. 저는 잘 정리해서 나눠줘서 고맙고 누구나 다 본인만이 알고 있는 숙제 같은 것을 가지고 있는 것 같다고 이야기했어요. 하지만 서로 곁에 있는 사람으로서 서로 돕고 이야기하고 기댈 수 있는 존재가 되어줘서 고맙다고 이야기하는 순간 분노와 불편한 마음이 녹아내리는 경험을 했어요. 돌아보면 우리의 대화가 몇 주간 기도로 준비된 대화이기 때문에 저는 성령님이 그 대화 속에서 아름답게 일하신 것이라고 믿어요.

교회가 이웃을 위해 무엇인가를 한다는 것은 거창한 것이 아니라고 생각해요. 우리는 늘 어떤 장소에 있고 주변에는 나에게 주어진 사람들이 있죠. 그들과 소통하고 생활하며 성경에서 이야기하는 빛과 소금처럼 살 기회는 언제나 우리를 찾아온다고 해도 과언이 아니죠. 그렇게 우리는 함께 성장하고 단단해지는 것 같아요. 생각해보세요. 빛이 있으면 그 빛을 본 사람들의 눈은 언제나 즉각적인 반응을 보입니다. 촛불이든, 형광등이든, 어느 곳에서든 어떤 종류의 빛이든지 무의식적으로 쳐다보게 되면 우리의 동공은 반응하죠.

우리가 결국 믿음을 실천하며 살아갈 때, 사람들은 알게 되는 것 같아요. 그리고 우리가 살아내는 삶은 주변에 있는 형제자매들을 더 예리한 칼처럼 갈아주고 강하게 설 수 있는 사람으로 성장시켜주는 것 같아요. 우리 모두는 이 사실을 기억하며 우리가 할 수 있는 일들을 행하여 살아가는 사람이 되었으면 좋겠어요. 저의 이야기를 나눌 수 있어서 감사하고 관심 가지고 들어주셔서 감사합니다.

예수님 안에서 사랑하고 축복합니다.

PART 6

희망을
나누는 배

"연극 공연을 본다는 것 자체가
너무 귀한 일이라 감동받은
빈민촌 아이들과 선생님들.
피부색도 다양하고 억양도 다른
배우들이 함께 공연하는 모습에
숨길 수 없는 질문을
쏟아내는 사람들.
공연을 통한 소통의 힘은 컸다."

희망을
나누는 배

내 기도를
잊지 않으시는 하나님

　나의 취미는 다양한데 그중의 하나는 여느 한국 사람들과 다름없이 사진 찍는 것이다. 2004년 사진을 전공하는 누나의 모습이 멋있어서 따라다니며 배우고 똑딱이 카메라를 가지고 놀았다. 장교 시절, 선배가 DSLR을 가지고 사진을 기가 막히게 찍는 것을 보고 다시 관심이 생겼고 대학생 때와 달리 경제적인 여력이 생긴 나는 어떤 카메라를 사야 하는지 선배에게 물었다. 중고 보급형 카메라와 기본 렌즈만 가지고 1년 이상 발로 뛰면서 이것저것 찍다 보면 필요한 걸 알게 될 거라 했다. 선배의 말을 잘 따랐다. 때로는 먼지 쌓이도록 내버려 두기를 반복하며 찍다 보니 내가 인물사진을 좋아한다는 것을 알게 됐다. 2015년 다니던 회사를 그만두었을 땐 퇴직금으로 평생 쓸 카메라로 생각해 둔 풀 프레임 카메라와 인물 사진용 렌즈 2개를 큰맘 먹고 장만했다. 처음 홀로 떠난 유럽 여행에서 도둑을 맞아 빈털터리가 됐을 때도 카메라는 손에 고이 들고 있었다. 전공도 아니면서 2016년 로고스호프에 승선할 때도 이상하리 만큼 큰 카메라는 군인이 늘 총을 가지고 다니듯 내 손에 있었다. 남는 건 사진밖에 없다고 생각했던 것 같다. 그래서인지 3개월 만에 사진기사로 일하던 트리니다드 친구 '링컨'이 나에게 말을 걸어왔다.

"LJ, 혹시 사진기사 해 볼 마음 있어? 네 사진을 봤는데 정말 좋더라. 사실 내가 비디오 전공이라 사진기사 자리를 넘기고 전공을 살려보려고 하거든."

하고 싶은 일이었지만, 자격도 실력도 모자라 안 될 것이라고만 생각했던 일이 현실로 다가온 순간이었다. 두려움도 있었지만 떨리는 마음으로 도전해 보기로 하고 그날로 틈틈이 인수인계를 받기 시작했고 승선한 지 6개월이 지났을 때 나는 정식으로 서점 부서에서 홍보 부서로 발령을 받았다. 인수인계를 꼼꼼히 받으면서 링컨과 나눈 대화는 또 다른 관점으로 선교를 바라볼 수 있게 해주었다. "LJ, 업무로서 사진을 찍다 보면 취미로 할 때와 다른 힘든 순간이 찾아와. 사진 찍고, 선별하고, 수정하고, 기록을 위해 글도 남겨야 하고 사무 업무가 만만치 않을 거야. 나 같은 경우는 선별한 사진정보를 시스템에 기입하는 게 제일 힘들었어. 확실히 그건 내 약점이지. 원어민들도 문법이 헷갈려. 그러니까 너무 스트레스 받지 마. 미국인 기자 레베카도 있고, 미국인 그래픽 디자이너 에이미도 있고, 매니저 다니엘라도 콜롬비아인이지만 미국에서 공부한 친구고 다들 앞다투어 도와줄 거야. 나도 도움을 엄청 많이 받았어. 걱정하지 마. 게다가 중요한 사역이 일어나는 아름다운 순간들을 너의 뷰파인더를 통해 잡아내고, 네가 찍은 사진을 통해 사람들과 나누고 격려하고 도전하는 일은 확실히 매력 있는 일이지. 네가 나눈 한 장의 사진이 많은 이들을 선교에 동참하게 하고 사역의 순간들을 이해할 수 있도록 돕는 역할을 할 거야. 창의적인 너의 시선을 갈고 닦으면서 그 순간들을 감사하며 잘 누렸으면 좋겠어."

링컨의 말대로 내가 찍은 사진들이 누군가에게 전해졌을 때 격려와 도전이 되기를 기도하며 현장으로 나갔다. 한번 현장으로 나가면 300여 장의 사진을 가지고 돌아왔는데 그중에서 한 장을 고르고 수정하고 정보를 기입하는 일에는 많은 노력이 들었다. 경험이 적은 데다 하루에 적게는 2개 많게는 4개의 현장에 투입되다 보니 하루 1,000장 넘게 사진을 찍은 날이 많았다. 하지만 사진기사로서 로고스호프의 주요 사역 현장에 거의 대부분 동참할 수 있는 특권을 누렸다. 2017년 12월 캐리비안 방문을 마친 로고스호프는 중남미 방문을 시작했는데 그 첫 번째 국가는 바로 커피의 나라 콜롬비아였다. 유난히 해풍이 강하던 그날을 잊을 수가 없다. 몇 번을 방문하려고 했던 나라, 하지만 허락되지 않았던 나라를 향해 상상하지도 못했던 배를 타고 들어가는 순간은 정말이지 소름이 돋았다. 때로는 내 기도와 바람을 전혀 듣지 않는 것처럼 느껴졌던 하나님은 보란 듯이 내 오랜 바람을 이루어 주시면서 기가 막히게 내 마음을 위로하셨다.

위로는 거기서 그치지 않았다. 첫 항구, 산타마르타는 유독 힘과 노력이 많이 든 항구였다. 정박 장소의 여건이 불안정했기에 로고스호프는 기대와 달리 하루 3시간 밖에 열 수 없었고 심지어 항구 내에 머물 수도 없었다. 항구에 정박해 3시간 개장하고 다시 바다로 나가 닻을 내리고 대기하는 과정을 수일 동안 반복하며 크루들은 지쳐갔고 실망도 했고 답답함도 쌓여갔다. 당시에 사진기사로서 일하던 나에게도 사역을 많이 할 수 없는 제한된 상황은 여러모로 답답했다.

'수천만 원을 써가며 감행하는 하루 3시간의 개장이 무슨 의

미가 있을까?'

산업 항구에 정박해야 했던 로고스호프의 상황 때문에 방문객들은 몇 킬로가 떨어진 주차장에 줄을 서서 셔틀버스를 타고 배 앞까지 도착해야만 승선할 수가 있었다. 셔틀버스를 타고 들어오는 시간, 내리는 시간, 배에서 시간을 보내고 다시 버스를 타는 시간, 주차장까지 돌아가는 시간을 생각하면 단순 계산으로도 이동 시간이 10여 분이었다. 30~40명이 탄 버스 6대가 쉴 새 없이 움직여도 1시간에 방문할 수 있는 인원은 600명 정도였다. 이해타산이 맞지 않다는 생각이 들었다.

하지만 이해타산에 맞춰서 배가 움직여왔다면 이곳에 남아 있을 사람이 한 사람이라도 되겠나 하는 생각이 떠올랐다. 배 안에서 상황을 탓하며 불평하는 사람은 많지 않았고 배를 방문하기 위해 모인 사람들을 위해서라도 이 시간이 귀하게 사용되도록 기도하며 이곳 저곳에서 섬기는 크루들의 섬김은 진심이었다.

그때, 홍보팀 사무실에 앉아 있던 나는 선발팀으로부터 예정에 없던 갑작스러운 촬영 요청을 받았다.

"LJ, 현지 부족 아이들이 로고스호프를 방문할 거야. 특별한 순간이 될 테니 사진 좀 찍어줘."

장비를 챙겨서 로비로 나가보니 흰옷을 입은 누가 봐도 원

주민처럼 생긴 아이들이 로비에서 안내를 받아 환한 미소로 신기하다는 듯이 두리번거리며 배에 올라타고 있었다. 스페인어를 사용하며 10여 명의 원주민 아이들을 데리고 로고스호프 투어를 이끄는 크루 옆을 따라다니며 사진을 촬영하고 있었다. 대학생 시절 스페인어과에 입학한 친구를 통해서 생긴 관심에 독학으로 스페인어를 공부했던 경험이 있어서 단어 몇 마디는 알아들을 수 있었는데 그 사이로 유독 익숙한 단어들이 반복해서 들려왔다.

'코기'

2년 전 콕 찍어 커피의 나라 콜롬비아의 미전도 종족을 조사해서 프레젠테이션을 한 후 동기들과 함께 기도했던 바로 그 원주민들이었다. 컴퓨터로 보던, 정보만으로 그려오던 사람들이 내 눈앞에 있다는 사실을 발견했을 때 내 온몸은 전율했다. 예수님의 이야기를 듣고 있는 원주민 아이들의 모습을 지켜보고 있는데 눈물이 볼을 타고 흘러내렸다. 로고스호프가 3시간만이라도 문을 여는 것을 선택하지 않았더라면 사진기사로서 사역하지 않았더라면, 그 순간, 그 자리에 있지 않았더라면 분명 놓쳤을 순간이었다. 내가 뜻한 때에 이루어지지 않았던 바람과 기도는 내가 생각지도 못한 순간에 기적처럼 이루어졌고 지금도 이루어지고 있다. 기도한 우리는 잊지만 기도를 들으신 하나님은 잊으시는 법이 없다.

과테말라 선발대
프로젝트

2018년, 로고스호프가 10년 만의 중남미 방문을 결정한 후 내민 슬로건이 있다.

'ellos son como tu.' 이는 '그들은 당신과 같습니다'라는 의미의 스페인어다. 이미 수만 개의 교회와 수많은 기독교인이 있는 나라에서 무슨 이야기를 나눌 수 있을까? 가족과의 시간이 소중하고, 같이 식사하는 것이 중요하고, 축구를 좋아하고, 춤과 음악을 좋아하는 등 한국과 닮은 모습이 많지만, 희망 없이 살아가는 사람이 많다. 70억 인구 중 42%, 전 세계 약 절반의 인구가 복음을 모르고 살아가고 있고 매일 6만 5천 명이 그 숫자 위에 더해지고 있다는 통계는 이야기를 나눌 때마다 충격으로 다가왔다.

'로고스호프가 방문할 중남미에 있는 수만 개의 교회를 한데 모을 수만 있다면…'

상상할 때마다 기쁨의 전율이 온몸에 흘렀다. 크루들이 발견한 희망, 예수님이 전해 주신 희망을 나누고 이 운동에 동참할 것을 독려하는 것이 중남미 방문의 최대 목표였다.

첫 선발대의 나라 과테말라. 덴마크 친구 데이빗, 독일 친구 루벤, 멕시코 친구 나이비와 함께 4개국 4인은 로고스호프를 방문하기 2개월 전에 과테말라에 도착했다.

나이비와 나는 선발대 프로젝트가 처음인 루키였다. 당연히 처음인 프로젝트를 감당하기가 쉽지 않았다. 처음 하는 일들 중에는 스스로 할 수 없는 일이 많아 도움을 받을 수밖에 없다는 것을 알았지만 현실은 참담했다. 팀에서 유일하게 스페인어로 소통할 수 없었던 사람은 바로 나였다. 현지 팀과의 미팅에서도 마음 편히 앉아 있을 수가 없었다. 다시 어린이가 된 것만 같았다. 매일 팀원들보다 2시간 먼저 일어나 스페인어 공부를 했지만, 안 되던 언어가 단기간에 될 리가 없었다.

여행객이었다면 겪지 않아도 되겠지만, 언어로 인해 내가 작아지는 순간이 많았다. 바벨탑 사건만 없었다면 언어로 고생하는 일은 없었을 텐데! 전화를 거는 것도 작은 부탁을 하는 것도 통역을 찾는 것이 우선이었다. 구글 번역기가 매우 유용했으나 돌려 본 사람은 알 것이다. 말이 안 되는 경우가 많기에 늘 언어가 가능한 사람에게 검수를 부탁해야 했다. 익숙하지 않은 업무는 헤매는 것이 다반사였다. 게다가 사무실과 숙소가 동일하다 보니 팀원들과 24시간 밀착 생활 및 업무를 병행해야 했고 틈틈이 언어의 차이와 생활 습관 및 성격의 차이에서 발생하는 갈등은 생각지 못한 복병이었다.

하루는 팀 리더인 데이빗과 함께 저녁 식사 준비를 마치고 주방을 청소하고 있었다. 나는 남은 식재료와 소스 병들을 정리하고 있었는데 데이빗이 "LJ, 굴 소스는 선반에 넣을 수 있어 (you can)"라고 했다.

'내가 그것도 모를 것이라 생각한 건가? 불필요한 말을 굳이 왜 하는 거지?'

나는 "어, 그래" 하고는 무심코 선반이 아닌 냉장고에 굴 소스 병을 넣고 문을 닫았다. 그때 예상치 못한 일이 발생했다. 데이빗의 얼굴이 새빨개져서는 왜 자기 말을 무시하냐고 말하는 것이었다. 도무지 알 수 없는 소리에 기분이 상해 내가 언제 그랬느냐고 따졌는데 나중에 알고 보니 '할 수 있어…(you can)' 는 간접적으로 부탁하는 말이거나 공손히 명령하는 말이었다. 공손히 부탁하려고 한 그의 말을 대수롭지 않게 넘겼기에 발생한 불상사였다. 내가 뭔가 착각을 했던 것일까. 우리가 뭔가 대단한 능력을 가진 비범한 선교사들이 아닌 평범한 사람임을 깨닫는 순간이 많았다.

시간 관념의 기준도 10분 전에는 준비를 마쳐야 하는 사람, 정확하게 시간을 지켜야 한다고 강조하지만 행동으로 옮겨지지 않는 사람, 30분 늦는 것은 늦은 것이 아닌 사람 등 제각각 이었다.

분명히 스트레스를 많이 받는 생활이었지만 내 한계를 분명 히 볼 수 있었기에 인내해야 했고, 더 많은 관심을 가지며 귀 기울여야 했고, 관찰해야 했다. 터놓고 이야기한 후 합의점을 찾 아가야 했다. 누구도 서로를 해치기 위해 함께하는 사람들은 없다는 사실을 기억하려 애썼다. 기도로 시작하는 아침을 통해 때때로 함께 하는 나눔과 대화, 찬양의 시간을 통해 서로를 지 지했다.

천방지축, 경험도 지혜도 부족한 우리를 선교사로 세워주고 도와준 감사한 사람들이 없었다면 프로젝트는 불가능했을 것 이다. 하나님은 무척이나 신실하게 적시 적소에 준비된 사람들 을 세워 두셨다. 감사했다.

팀원이 함께 있다는 것이 감사했고 그들이 내 1차 통역관들 이 되어줘서 감사했다. 지금은 하나님 품에서 쉬고 있을 타이 완계 챠뼁(과테말라인을 지칭하는 말) '루이시따' 할머니를 만나고 그분의 가족을 만나 팀의 기동력을 높여 줄 좋은 차를 빌려 쓸 수 있었고, 그들이 가지고 있는 주요 인사들과의 관계와 연락 처를 통해 미팅을 하나하나 진행할 수 있었다. 수십 개의 프랜 차이즈 중국 식당을 운영 중인 할머니는 로고스호프 크루들을 위해 야채, 채소, 고기 등의 식재료도 트럭으로 후원해 주셨다. 청소년 및 청년 사역을 하고 있는 '챠코'와 '꽈오'를 통해 협력이 필요한 교회와 단체를 만날 수 있었고, 의대생 자매인 '모니카'와 '신씨아'는 통역과 공식 서류 검수를 도와줬다. 교육청 관계자도 전체 학교에 공문을 보내고 차상위계층 학교를 선정해 크루들이 방문할 수 있도록 손을 거들었다. 돌아보면 항상 하나님이 붙여주신 귀한 사람들이 기다리고 있었다.

사실 좌절하고 싶은 순간이 많았다. 난 완벽 기질을 가진, 전혀 완벽하지 않은 사람들 중의 한 명이다. 많은 경우 기대와 현실의 차이를 통감하며 자괴감에 빠진다. 선발대 생활은 이런 면에서도 나를 많이 괴롭혔다. 내 힘으로 할 수 있는 일이 많지 않다는 것도 싫은데, 바라고 기도한 대로 되지 않는 경우도 허다했다. 서글퍼지는 날이면 오래된 마음의 상처로 문득 아파하기도 하고 외로움에 힘들어하기도 했다.

2018년 8월 31일은 기다리고 기다리던, 로고스호프의 과테말라 뿌에르또께짤 항 도착이 예정된 날이었다. 그러나 8월 28일 파나마에서 갑작스러운 소식이 들어왔다. 로고스호프 발전기에 기술적인 문제가 발생했고 과테말라에 예정된 날에 도착할 수 없다는 소식이었다. 부품을 받는 지정학적 위치나 통관에 필요한 법률적인 요구 사항들을 고려했을 때 파나마에서 수리하는 것이 더 좋다고 판단한 리더십은 파나마에서 수리 공사를 진행했고 도착 예정일은 9월 3일로 지연되었다.

특별히 과테말라 뿌에르또께짤항은 100여 명의 크루들이 집으로 돌아가고 새로운 크루들이 합류하는 '체인지오버' 항구였다. 평소 보다 50% 줄어든 인력으로 협력할 수 있는 사역의 기회가 다른 항구보다 적다는 것을 의미한다. 그나마 설렘으로 준비한 성경 번역 단체인 '위클리프'와의 협업도 일정이 어긋남으로써 물거품이 됐고, 선상에서 예정된 몇몇 이벤트로 취소됐다. 그로 인해 출력해 둔 이벤트 티켓도 휴짓조각이 됐고, 공식 개장 행사에 초청된 귀빈들에게 새로운 안내와 초청은 물론 방송 매체와 인터넷에 홍보된 내용들도 수정 작업을 계속 해야 했다. 항만청과의 방문 일정 조정 및 수만 명의 현지인 방문을 대비한 안전대책 수립에도 끝없이 느껴지는 대화가 진행됐다.

'왜 나에게 이런 일이 찾아오는 것일까?'

'하나님이 원망스럽다'

내 뜻대로 되지 않을 때 자주 들었던 생각들이다. 생각만큼 성공적이지 못하고 사람들에게 인정받지 못할 때, 마치 내가 주인공이었는데 자리를 빼앗긴 것 같은 자격지심이랄까.

드디어 다가온 D-day, 2018년 9월 3일. 기다리고 기다리던 로고스호프가 뿌에르또께짤항에 도착했다. 과테말라, 덴마크,

독일, 멕시코, 한국 국기를 흔들며 현지 팀과 우리는 온 마음을 다해 배 도착을 환영했다. 그런데 크루들은 평소와 달리 지쳐 보였고 흥이 떨어진 개미 같은 목소리로 선발대를 맞아줬다. 실망감이 밀려왔다. 너무 열심히 준비했다고 생각해서인지 시작부터 김이 새는 공허한 느낌이었다.

'깨끗한 물은 어디 있어? 언제 도착해?'

출입국관리사무소 사람들이 먼저 배에 올라 비자 확인 절차를 진행하는 동안 마주친 크루들의 첫 마디였다. 엔진 수리를 가까스로 마친 로고스호프가 파나마에서 과테말라까지 항해하던 중 깨끗한 물이 떨어졌고 해수 정화 시설도 제대로 작동되지 않은 탓에 식기 세척을 하지 못했음은 물론 5일 동안 제대로 씻지도 못했다는 것이었다. 게다가 80여 명의 내 오랜 친구들이자 가족인 PST TEMA가 각자의 집으로 돌아간 것도 빈 자리와 허전함이 느껴지는 이유였다.

하지만 출입국 절차와 통관이 마무리되고 깨끗한 물을 공급하는 파이프가 연결되면서 상황은 점차 안정을 되찾았고 2018년 9월 9일, 새로운 크루 103명이 합류하며 로고스호프는 새 에너지와 이야기 그리고 열정이 넘치는 곳으로 회복되었다.

같은 라인업에서 일한 미키(현아)가 입에 달고 다니던 말이 있다.

'배는 도대체 언제 오는 거야?'

로고스호프가 항구에 정박한 모습을 보고서야 예정된 날짜가 있지만 지켜지리라는 법은 없다는 이야기를 이해할 수 있게 되었다. 수없이 계획하고 수정하던 일들이 400여 명의 크루들과 함께 현실이 되고, 힘을 합쳐 크고 작은 문제를 해결해 나가는 것들을 직접 눈으로 보면서 왜 그리 같은 말을 많이 중얼거렸는지 처음 가슴으로 이해하는 순간이었다.

로고스호프가 도착한 후에도 우리가 세운 불안전한 계획과 때때로 변해가는 상황 탓에 지원 업무와 사역은 수정을 통해 진행됐다. 항구에서 차로 3시간 떨어진 안티구아 화산이 폭발하며 발생한 이재민을 돕는 일에 20여 명의 '비전팀'(2주일간 배를 방문하고 함께 사역하는 단기팀, 주로 크루들의 후원 단체)이 기부 물품과 함께 투입됐다. 선발대가 계획한 사역 외에도 현지인들과 크루들이 관계를 쌓아가면서 쉬는 날에도 자원하여 나선 크루들이 협력하며 건축 프로젝트와 청소년 사역이 진행됐다. 소년원 스포츠 사역 또한 배가 3일 늦게 도착하면서 취소됐었지만, 사역 마무리 1일 전 기적적으로 소년원 방문을 할 수 있었고, 150여 권의 책과 38권의 성경책이 전달됐다. 현지 단체가 사역한 지 5년 만에 처음 이뤄진 세례식에 사용됐기에 의미가 컸다. 교도원 개인의 책 3권이 전부였던 소년원 내부에 새로운 선택을 만들어 갈 수 있도록 돕는 양질의 서적과 성경책을 공급할 수 있었다.

이처럼 계획한 것이 물거품이 되기도 했지만 계획 이상으로 놀라운 사역이 펼쳐지기도 했다. 출항 전 '감사의 밤' 사후 강평을 통해 과테말라에서 일어난 일들을 돌아보면서 선상에서 현지에서 일어난 많은 열매를 숫자를 통해 듣게 됐다.

20여 일 동안 배를 방문한 85,295명(4,000여 명/일) 중에서 직간접적으로 배 방문을 통해 복음을 듣고 반응한 방문객이 2,558명, 현지 자원봉사 프로그램으로 선교 도전을 받은 인원이 200여 명이었으며, 그들을 후원하는 교회와 사역에 동참한 교회가 250여 개였다. 또한 10여 개의 단체가 협력관계를 맺고 대화를 시작했다. 팔리고 나누어진 45,073권의 책과 2,937권의 성경책, 2,500권의 복음 서적이 전해졌다. 의사, 변호사, 기술자, 사업가들이 모여 각자의 직업과 경험을 세계 선교를 위해 어떻게 사용할 것인지 토론했다.

희망을 노래하는 수많은 사람과 협력한 사람들의 손을 통해 보게 되는 결과는 감동적이다. 희망의 사람들에게는 힘이 있다. 그들의 희망의 이야기는 사람을 살린다.

칠레 마마,
마루

두 번째 프로젝트에 앞서 휴가를 마친 나는 선발대 매니저
와 면담을 하던 중에 제안을 하나 했다. 지난 과테말라 라인업
에서 언어의 장벽이 너무나도 컸기에 프로젝트 시작 전 2개월
동안 타 부서를 돕는 것 대신에 스페인어를 배우는 기회를 달
라는 제안이었다. 다음 예정지는 칠레였다. 비행기 티켓은 어
차피 칠레에 가게 될 때 쓸 비용의 일부로 산 것이었고 배에서
타 부서를 돕는 것보다는 스페인어의 기초를 다지는 작업을 통
해 향후 업무에 더 큰 도움을 줄 수 있었으니 긍정적으로 검토
됐고 갑판장 '크리스티안'의 이모께서도 숙식을 무료로 제공하
겠다 하셔서 공식적으로 허락을 받았다.

2018년 11월, 나는 함께할 팀원들보다 2개월 먼저 칠레 산티
아고 국제공항에 도착했다. 크리스티안의 조카이자 크루로 함
께 생활했었던 '빠올라'의 안내를 받아 발파라이소에 도착했다.
반갑게 문을 열어주신 인자하게 생긴 칠레 아주머니 '마루'는
갑판장 '크리스티안'의 이모이자 '빠올라'의 엄마 그리고 내 숙
박 문제를 해결해 주실 주인 아주머니였다.

영어 한마디 못하는 분이었지만 끼니와 숙소를 제공해 주시
며 아들처럼 나를 대해 주셨고 나도 어머니처럼 따르다 보니

어느덧 마루는 내 칠레 '마마'(mama: 엄마), 나는 외동딸만을 가진 그녀의 '이호'(hijo: 아들)가 되어 있었다.

칠레 엄마의 소개로 내 스페인어 선생님 '프란시스코'를 만났고 그 후 6주간의 수업이 시작됐다. 서툰 스페인어를 사용하며 지하철과 버스를 타고, 칠레의 핫도그 '꼼쁠레또'를 사먹고, 수업을 하고, 숙제를 하면서 나는 오랜만에 학생이 됐다. 머무르는 숙소에서 만난 칠레 대학생들과 커피를 나눠 마시며 용기 내어 스페인어로 대화도 해보고 CLC라는 기독교서점에서 잡무를 도우며 현지인들도 만났다. 주말에는 '마마'의 가족과 친구 가족들이 힘을 모아 함께 예배를 만들어가는 가정교회를 도왔다.

마마는 이따금 내 과거를 물으셨는데 관계에 상처가 있던 나는 이야기를 나누며 여전히 힘들어하고 있는 나 자신을 발견했고 진심으로 나를 대해주는 마마의 따뜻함에 눈물을 쏟기도 했다. 스페인어를 배우러 갔는데 사람 사는 모습을 배웠던 것이다. 마마를 통해, 무너진 교회를 세우려는 기도를 하고 있는 사람들을 만났다. 언어는 다르지만 사연 없는 사람이 없었고 누군가의 가슴 아픈 이야기는 다른 아픔을 가진 누군가에게 위로가 됐다. 함께 울고 웃으며 또 다른 가족이 됐다.

"아들, 믿음을 잃지 마. 내 마음대로 되어야만 성공한 것은 아니야. 성경 속 말씀처럼 지금은 이해가 안 되는 일이 많지만 이해가 되는 순간이 반드시 와. 나도 너처럼 연애관계에서 상처 받고 힘들었던 적이 있지. 40세가 넘어서 남편을 만나 늦은 나이에 빠올라를 낳고 지내온 기적과 같은 세월을 돌아보면 너무 감사해. 하나님이 얼마나 신실하신 분인지 잊지 말았으면 좋겠어. 지금 너는 하나님과 함께 걷는 마음이 아름다운 사람이기 때문에 복도 많이 받고 복을 나눠주는 사람으로 살 거야. 절대로 네가 사람들에게 사랑받는 사람, 그런 사람임을 잊으면 안 돼.”

목이 타들어 가고 입술이 바짝 마르는 사막을 경험해 본 적이 있는가? 돈 없는 선교사가 특별 후원으로 감사하게도 북칠레에 있는 사막인 ‘산 빼드로 아따까마’를 방문했었다. 가이드 동반 여행은 사치였기에 비용을 아끼고자 정보를 수집하고 자전거를 빌려 사막 한가운데 있는 유명하다는 소금 호수를 찾아갔다. 60km를 대수롭지 않게 생각한 나는 덜컹거리는 비포장 도로를 달려 엉덩이가 아파 도저히 앉아서 자전거를 탈 수 없을 때쯤 목적지에 도착했다. 문제는 돌아오는 길이었는데 엉덩이가 너무 아파 도저히 자전거를 타고 갈 수 없을 정도였다. 물도 딱 한 모금 남아 있었다. 야간 장비가 없어 해가 지기 전에 반드시 숙소로 돌아가야 한다는 필사의 각오로 돌아오던 중

10km를 남겨두고 탈진 직전의 상황까지 간 나는 나무 한 그루를 발견했다.

흙 바닥에 몸을 내동댕이치며 쓰러져 나무 그늘 밑에 대자로 누워 숨을 헐떡였다. 사막의 따가운 햇살과 건조함에 아픈 엉덩이, 입에는 단내가 났고 입술은 가뭄의 논 바닥처럼 갈라져 갔다. 그때 마신 마지막 한 모금의 물은 그야말로 꿀맛이었다.

칠레 엄마 '마루'와 가족, 가정교회 사람들은 내게 사막에서 만난 나무 그늘이었고 목을 축여준 물 한 모금이었다. 마음을 시원하게 해주는 사람들이 있어서 새 힘을 얻었다. 목적지를 향해 움직일 수 있었다. 마마에게 배운 많은 것은 사역의 밑거름이 됐다.

주변을 둘러보면 하나님이 마련해 두신 우리를 생각하는 소중한 사람들이 있다. 어려움의 순간에도 이 사람들은 새 힘과 용기를 가져다 준다. 아직 우리의 삶에서 최고의 순간은 오지 않았다. 그 순간을 기대하면서 다시 힘을 내어 본다.

나니아 연대기,
최초의 아시아인 피터

사람이 휴식을 하듯이 로고스호프도 1년에 한 번 휴식 기간을 가지면서 대대적인 정비를 통해 다음 1년간 항해를 할 수 있는 허가증을 갱신받는다. 내부의 낡은 부품을 교체하고 쌓여있는 크고 작은 보수공사를 진행하고 외부도 해풍과 파도에 부식된 녹을 벗겨내고 신선한 페인트를 깨끗하게 새로 입히기 위해 뭍으로 배를 들어올리는데 이를 '드라이 독'이라 부른다.

기술진의 조언과 고강도 육체 노동이 많이 요구되는 30여 일의 대청소 시간 동안 MOP(Marine operation) 크루 및 소수의 주방팀과 호텔팀, 총 150명 내외의 크루만이 로고스호프에 머무르며 고강도의 노동을 누리게 될 복(?)을 얻는다. 나머지 250여 명은 후원자들이 있는 국가와 교회를 방문해 사역을 보고하고 향후 일정을 소개하는 프레젠테이션팀, 방문했던 나라와 드라이 독이 진행되는 나라의 필요를 지원하는 챌린지팀으로 나뉘어 30여 일 동안 삼삼오오 흩어진다.

나는 이 챌린지팀들 중에서 조금 특별한 팀의 일원이기도 했는데, 바로 연극팀이었다. '나니아 연대기'를 통해 20세기 최고의 작가로 알려진 C.S Lewis는 지금도 그의 책과 제단을 통해 많은 사람에게 선한 영향력을 미치고 있다. 로고스호프 역시

2016년 중반 C.S Lewis 제단의 후원으로 저작권 비용을 지불하지 않고도 '사자, 마녀 그리고 옷장' 연극을 공연할 수 있게 됐다. 많은 사람이 배에서 진행되는 연극이 있다는 소식에 놀라워하고 신기해한다.

연극으로 사역을 한다는 것이 흥미로워 공개 오디션에 지원했던 나는 2016년 남아공에서 시작된 나니아 연극팀 최초의 아시아인 피터가 됐다. 2017년 캐리비안의 A(아루바), B(보네이르), C(쿠라소) 섬나라 중의 하나인 C섬, 쿠라소에서 진행된 드라이독 기간에 나는 연극팀원으로서 훈련을 받았다. 오디션을 통해 연극배우 및 스텝으로 선정된 20여 명의 크루들은 30일 동안 특별 훈련을 받았다. 연기, 연출을 전공하고 무대 연출 감독으로 일해왔고 나니아 프로젝트를 위해 미국에서 온 팀과 그의 아내 케씨가 있었는데도 내가 훈련을 제대로 마치고 연극을 진행할 수 있을지 걱정이 됐다. 생각해보면 불가능해 보이는 일에 괜히 시간을 낭비하는 것은 아닐까 의심도 들었지만 작은 믿음을 갖고 기도하며 도전했다.

연극배우가 됐다는 신기하고 얼떨떨한 마음을 뒤로 한 채, 훈련 몇 주 전부터 영어로 된 대본을 틈틈이 외우고 감정을 덧입히는 작업을 반복했다. 'By jove!'(세상에.. 맙소사!)

생전 처음 들어보는 오래된 영어부터 익숙지 않은 새로운 표현들이 대사에 가득했다. 게다가 톤이 맞지 않아도 강세가 맞지 않아도 받아들여진 생활영어와는 달리, 짧은 시간에 대사를 통해 내용과 감정을 전달해야 하는 대사의 특성상 어떻게 말하느냐는 굉장히 중요한 문제였기에 부담이 컸다. 게다가 잘 외우고 있는 대사조차 혀가 꼬여서 잘 나오지 않고 긴장한 탓에 몸은 벌벌 떨리고 식은땀도 줄줄 흘렀다.

하지만 연출 감독인 팀과 케씨 부부는 피부도 성격도 각자 다른 연극배우들이 자신의 캐릭터를 살리면서도 조화롭게 어우러지듯이 그런 팀워크를 만들어갔다. 자기 생각만을 강요하지 않고 함께 연극을 만들어갔다.

"LJ, 난 너의 에너지가 좋아. 시선 처리는 유지하되 조금 천천히 대사하고, 나단, 멱살 잡히는 신에서 벽에 버틴다는 느낌으로 있다가 넘어지고 LJ를 노려봐. 시나, 둘을 말릴 때 무대 중간으로 좀 더 이동해주고. 오디오팀, 효과음 타이밍 잘 기억하고. 자, 다시 가보자!"

조금씩 무대에서 호흡이 맞아떨어지고, 의상팀에 의해 소품이 하나 둘 씩 만들어지고 채워 지면서 밀려오는 성취감과 기대감은 커져갔다.

수백 번 연습을 한 끝에 막을 올린 첫 연극. 대사를 틀리고, 놓치고, 소품을 잊어버리고 무대에 빈손으로 서기도 했다. 건어야 할 천막을 제때 걷지 못해 다른 배우들이 당황하기도 하고, 마이크가 작동하지 않고, 녹음된 효과음이 잘 못 나가기도 하는 등 그야말로 엉성했다. 무대 뒤 대기실에서 속상하고 미안한 마음에 눈물을 보이는 배우들도 있었다.

2보 전진을 위한 1보 후퇴, 정기 유지보수 작업인 드라이 독, 휴식과 정비가 끝난 로고스호프는 세계 각지에서 돌아온 크루들과 함께 다시 사역을 이어갔다. 무대가 이어져 갈수록 늘어가는 연극팀의 포복절도할 무대 뒤 에피소드만큼 현지인들과 나눈 감동의 이야기도 늘어만 갔다. 나니아 연대기(사자, 마녀 그리고 옷장) 연극 자체의 메시지도 강했지만 연극이 끝난 후 배우들 중의 한 명이 전한 연극과 관련된 자신의 이야기는 많은 이들의 마음을 강하게 울렸다.

자신의 모습이 극 중의 에드먼드를 닮았다며 눈물을 보이는 어른. 자기도 왕 같은 멋진 사람이 될 것이라며 신이 난 아이들. 연극 공연을 본다는 것 자체가 너무 귀한 일이라 감동받은 빈민촌 아이들과 선생님들. 피부색도 다양하고 억양도 다른 배우들이 함께 공연하는 모습에 숨길 수 없는 질문을 쏟아내는 사람들. 공연을 통한 소통의 힘은 컸다.

한번은 총 400석의 홀에 50명 남짓한 방문객을 맞이해 연극을 진행했다. 연극은 관객과의 호흡도 중요하기에 적은 관객

수에 덩달아 쳐지지 않도록 무척 애썼다. 연극이 끝나고 관객과 소통의 시간이 어김없이 찾아왔다. 그때 한 그룹의 인솔자로 보이는 사람이 다가와 이야기했다.

"공연 무척 감사합니다. 저는 연극과 공연을 가르치는 선생님이고 오늘 제가 가르치고 있는 30여 명의 학생들과 같이 왔어요. 아이들과 저에게 무척 소중한 시간이었어요. 이곳에서 연극을 실제로 볼 수 있는 기회는 흔치 않거든요. 어떻게 배에서 연극을 시작하게 됐죠?"

적은 수의 관중이었지만 여느 때 못지않은 소중한 관객과의 만남이었다. 배우들과 스텝들은 미래의 캐리비안 연극 주역들에게 신선한 도전의 가치를 제공하였다. 그리고 개개인이 가진 하나님의 이야기들이 나누어졌다. 꿈과 희망의 이야기가 나누어졌다.

사역 보고 시 등장하는 통계자료의 숫자에 대해서 많은 의견이 있다. 지나친 숫자의 강조는 과유불급이지만 중요한 것도 사실이다. 서점 부서의 매니저인 데이빗이 입버릇처럼 하는 말은 내게 꽤 깊은 통찰력을 가져다 주었다.

"숫자만큼 중요한 것도 없지. 숫자는 사람을 이야기하거든. 이야기는 굉장히 중요해. 사람들마다 그 중요한 이야기를 가지고 있지. 적어도 나에게 숫자는 이야기의 수를 알려주는 바로 미터야. 어쩌면 숫자가 전부일지도 몰라."

그날 관객의 숫자에 대해 나는 다시 생각했다. 400 석이 가득 찼다면 더 좋았을지도 모르지만 50명도 엄청난 잠재력을 가진 숫자다. 가끔은 나도 모르게 더 많이 더 크게 무엇인가를 진행해야만 더 큰 일을 한 것처럼 생각하는 경우가 있다. 습관처럼 이야기하는 한 사람의 가치를 깜빡 잊은 것이다. 누군가의 실수 혹은 상황이 허락하지 않아서 기대한 만큼 결과를 얻지 못할 때가 있다. 내가 피의자일 때도 있고 피해자일 때도 있다. 연극팀 생활을 통해 같은 실수를 반복하지 않고 최선을 다하는 것까지가 우리의 몫이라는 것을 배웠다.

숫자의 많고 적음을 떠나 모든 숫자의 사람들, 그들의 이야기가 주변의 사람들에게도 다시 따뜻하게 희망의 이야기를 전하길 기도한다.

독일에서 온
시나의 간증

연극에 대한 제 사랑과 열정은 제가 12살 되던 2009년에 시작됐어요. 하루는 새로 알게 된 친구가 자신의 뮤지컬발표회에 저를 초대한 적이 있어요. 그때 거기서 전 완전히 연극에 빠져든 것 같아요. 그런데 몇 주 후 그 친구가 리허설이 있는데 오지 않겠냐는 거예요. 너무 신이 났죠. 얼마 지나지 않아 저는 그 뮤지컬 팀을 관리하는 음악학교 수업에 보내달라고 부모님을 졸라댔어요. 성적이 떨어지지 않으면 허락해주겠다는 부모님의 약속에 저는 최선을 다했고 단역 하나 못 받았지만 6년 동안 모든 리허설과 공연들의 1분 1초를 즐겁고 감사한 마음으로 누렸어요.

그런데 2011년, 저에게 큰 고민이 하나 생겼어요. 그 해 교회에서 진행된 여름성경학교에서 예수님이 누구신지 알게 되면서 제가 너무너무 사랑하는 것이 두 가지가 된 것이죠. 예수님보다 연극을 더 중요하게 생각하기는 싫었는데 연극이 무척 좋았어요. 이렇게 연극을 좋아해도 될까 싶을 정도로요. 제 믿음의 도리를 다하면서도 제 열정을 하나님을 위해 쓰고 싶었어요. 하지만 당시에는 연극을 통해 하나님을 높여드릴 수 있는 어떤 단역의 기회도 찾을 수 없었고 스스로 기회를 만들 수 있을 것이라는 믿음도 없었어요.

2016년, 저를 포함해 여러 경로를 통해 로고스호프라는 배에 대해 듣게 된 친구 몇 명이 OM의 독일 사무실을 방문했어요. 그곳에서 얻은 많은 정보 중 로고스호프가 2016년 5월부터 나니아연대기, '사자, 마녀 그리고 옷장', 연극팀을 꾸려 사역한다는 이야기를 듣는 순간 저는 확신했어요.

'로고스호프가 바로 내가 갈 장소다.'

로고스호프에 크루로 합류한 후 저는 최대한 자주 연극을 보려고 애썼어요. 몇 개월이 지나고 드디어 기다리고 기다리던 기회가 찾아왔어요. 오디션 공고가 떴고 저는 기도했죠.

'되고 안 되는 것은 하나님 뜻인 걸 알아요. 안 된다면 거기에도 뜻이 있겠지만 저 정말 연극팀에 들어가고 싶어요. 도와주세요, 하나님.'

2016년 12월 31일, 오디션 결과가 담긴 봉투가 제 캐빈에 도착했어요. 봉투 속에 적힌 이름 '루시'. 하늘을 날 것 같았어요. 드디어, 제가 사랑하는 일을 통해 하나님을 높일 수 있는 기회가 찾아온 거죠. 꿈이 이루어졌어요. 모든 리허설과 무대, 관객과의 소통이 저에겐 무척 소중했고 감사했어요. 물론, 매 순간 극 중의 '루시'처럼 활기차지는 못했지만 언제나 저는 '아슬란'의 새로운 모습을 발견했고 감격했어요. 지금 이 순간도 연극을 통해 받은 하나님의 놀라운 선물은 저를 이끌어 가고 있어요. 제가 받은 많은 선물 중에서 세 가지를 나눌게요.

첫 번째 선물은 아이티에서의 공연이에요. 그날의 두 번째 공연이었고 제 첫 번째 팀의 마지막 공연이었죠. 아슬란이 제단에서 살해당한 후 수잔과 루시가 슬퍼하며 걸어가는 곳에서 지진이 일어나는 장면이었어요. 불현듯 자연재난이 무엇인지 단 한 번도 겪어보지 못한, 19세 독일 소녀 한 명이 2010년 수많은 생명을 앗아간 지진의 현장을 경험한 아이티 사람들 앞에서 지진 장면을 연기하고 있는 모습을 보면서 저를 비춰보게 됐어요. 숙연해졌어요. 지진 이후 등장하는 아슬란의 부활 장면의 의미는 누구보다 아이티 관객들에게 잘 전달됐고 제 마음도 울렸어요. 재난 상황 가운데서도 얼마나 하나님이 그 자리에 있던 아이티 관객들을 돌보시는지, 동시에 얼마나 제 마음도 울리는지, 생각하니 소름이 돋고 눈물도 차 올랐어요.

두 번째 선물은 새 오빠들과 새 언니들이에요. 외동딸로 자란 저는 언제나 오빠, 언니들이 있다는 것이 얼마나 좋을지, 때로는 힘들고 짜증 날지 알고 싶었어요. 로고스호프를 통해 그 꿈 역시 현실이 됐어요. 언니들과 오빠들이 생겼기 때문이죠. 연극 팀원들은 캐빈에서 함께 살았던 3명의 언니들과 친구들 이상으로 저에게 특별했어요. 함께 울고 웃으면서 전혀 새로운 차원의 친밀함과 신뢰를 쌓았어요.

세 번째 선물은 전쟁 장면에서 얻은 메시지예요. 극 중 두 번째 오빠인 '에드먼드'가 전쟁에서 큰 상처를 입어 사경을 헤맬 때 '루시'가 선물 받은 치료의 약으로 그를 살리는 장면이 있어요. 루시의 모든 초점이 오빠를 살리는 데 있을 때, 아슬란이 다가와 생사를 오가는 주변의 부상자들 역시 돌볼 것을 이야기합니다. 이 장면에서 루시의 태도는 저랑 많이 닮은 것 같아요. 하나님 주신 재능을 가족을 구하는 데 사용하고 싶거든요. 하지만 종종 아슬란의 대사가 떠오릅니다.

'이브의 딸아, 죽음의 위기에 처한 주변의 이들을 보렴. 얼마나 더 많은 사람이 목숨을 잃어야 하겠니?'

이 대사는 제가 가진 작은 계획보다 죽음을 이기셨고, 지금도 승리하고 계시고, 앞으로도 이겨 나가실 놀라운 하나님이 가진 더 큰 계획이 있다는 것을 상기시켜줍니다.

로고스호프 생활이 끝난 후, 저는 지역에 있는 연극팀에 바로 합류하지 못했습니다. 선택지가 너무 많았거든요. 공부도 해야 했고 시간은 제한적이었어요. 그리고 제가 가진 경험과 견줄 어떤 팀도 찾기 어려울 것이라는 상실감과 두려움도 컸어요. 하지만 최근 연극을 향한 식지 않은 제 사랑은 지난 2년간 다양한 기독교 연극 프로젝트를 지원하게 만들었고 대를 이어져 온 셰익스피어의 '한 여름밤의 꿈'을 리허설한 시립오페라극장에서 운영하는 연극부의 멤버로 합류하게 했습니다.

연극은 제 삶의 일부가 되었습니다. 전공자는 아니지만 어디서 마주하게 될지 모르는 기회에 아직도 저는 설레고 어쩌면 그 길을 가게 될지도 모를 것 같아요. 그때까지 전 귀를 쫑긋 세우고 열어주시는 길을 기쁨으로 가게 해 달라고 기도하며 최선을 다할 겁니다. 그렇게 전 연극을 통해서 하나님을 전하고 살고 싶습니다.

모험과 실패,
그리고 성장

"100% 힘을 쏟아
헌신하기 위해서는
100% 잘
휴식해야 합니다."

모험과 실패,
그리고 성장

11일간의
대서양 횡단

아프리카 방문을 마친 우리를 기다리고 있던 것은 11일간의 대서양 횡단이었다. 배를 타고 대서양을 건너는 진귀한 경험을 하게 된 것에 흥분되기도 했지만 11일 동안 육지 한 번 보지 못하고 흔들리는 배를 타고 있어야 한다는 사실 때문에 걱정이 되기도 했다. 특히 멀미를 심하게 하는 친구들은 벌써부터 울 상이었다.

"여러분, 선장입니다. 오늘부터 우리는 11일에 걸쳐 대서양을 건널 것입니다. 안전한 항해가 될 수 있도록 지정된 시간 외에는 갑판으로 올라가는 것을 금합니다. 일정한 시간이 되면 갑판의 문을 잠그겠습니다. 그리고 5층 갑판 로비에 멀미약을 상시 비치할 예정이니 멀미가 심한 분은 참고하시고, 다이닝룸에 있는 멀미 방지용 빵을 간식으로 먹지는 말아주세요. 맛있다는 건 저도 알지만 부탁합니다. 그리고 11일 동안의 커뮤니티 활동 시간표 역시 6층 갑판 벽면에 게시할 예정이니 확인해 주시기 바랍니다. 즐겁고 알찬 항해가 되기를 기도합니다!"

400여 명의 친구들은 11일 동안 어떻게 지내야 하는지 궁금했는데 선장의 안내 방송은 어느 정도 감을 잡을 수 있게 해 줬다. 항구마다 수천 명을 맞이하고 사역하는 데 정신이 없기 때문에 이런 긴 항해는 내부 결속을 다지고 휴식을 취할 수 있는 절호의 기회다. 내가 속해 있던 서점 부서는 이틀 정도 걸려서 정리하는 일을 마치고 일종의 회식을 준비했다. 배에서의 회식이었지만, 크리스천들의 모임이라 규정상 음주는 금지되어 있다. 이 규정은 맥주를 물처럼 마시는 독일 및 유럽권 크루들에게도 동일하게 적용된다. 하지만 60여 개국에서 온 다양한 친구들이 조금씩 준비한 다양한 다과, 음식 그리고 함께 어울려 진행하는 게임은 짜릿한 긴장감과 즐거움을 선사했다. 매니저, 리더, 구성원 할 것 없이 격식 없이 즐겁게 보내는 모습은 한국의 경직된 조직 문화에 익숙해져 있던 나에게 신선한 충격이었다.

부서별 단합 활동 외에도, 안전 교육 및 교육 훈련 프로그램이 마련돼 있었는데, 안전을 담당하는 갑판 부서장인 루마니아에서 온 요넛이 팀원들과 함께 교육을 위한 상황극을 준비해서 발표하는 모습을 보면서도 큰 충격을 받았다.

　몇 년간 내가 경험해 온 딱딱하고 권위적인 교육을 모두 잊게 만드는 리더들의 모습을 보면서 '중요한 것에는 강하고, 부가적인 것에는 부드러운 사람'의 매력에 빠져들었다. 더욱이 언제나 성경 말씀을 인용하는 리더들의 모습은 모범이 되는 사람이 됨과 동시에 내가 경험한 하나님을 함께 나누기를 갈망하는 나에게 많은 영감을 주었다. 물론 이해가 되지 않는 리더들도 있었지만 '서로 다른 상황에서 각 리더들은 나에게, 나는 그들에게 어떤 의미로 남을 것인가? 그리고 나는 앞으로 어떤 리더가 될 것인가?'를 생각하게 만들었다.

　또 다른 항해의 묘미는 구성원들과의 친목 시간과 개인 정비 시간을 이용해 정을 나누는 것이다. 혼성 구성원, 다국적 출신의 사람들과 이야기를 나누다 보면 울다가 웃다가 시간 가는 줄 모른다. 더욱이 이따금씩 들려오는 알림 방송은 또 다른 즐거움을 선사해 주기도 한다.

　"안내 방송 드립니다. 안내 방송 드립니다. 지금 바우(선두) 포트사이드(왼쪽)에 돌고래가 우리와 함께 항해하고 있습니다.

이 기회를 놓치지 마세요."

붉게 물들어가는 저녁 노을과 끝없는 수평선만 보이는 대양 속에서 헤엄치고 있는 돌고래의 모습은 정말 장관이다. 평생 잊지 못할 광경 중 하나임에 틀림없다. 앞을 봐도 뒤를 봐도 펼쳐진 망망대해를 바라볼 때마다 자주 흥얼거리던 찬송가가 있다.

하늘을 두루마리 삼고 바다를 먹물 삼아도 끝없는 하나님의 사랑 다 기록할 수 없겠네. 하나님의 크신 사랑 어찌 다 쓸까 저 하늘 높이 쌓아도 채우지 못하리 하나님 크신 사랑은 측량 다 못하며 영원히 변치 않는 사랑 성도여 찬양하세.

물론, 항해가 늘 즐겁지만은 않다. 1만2천 톤이든 12만 톤이든 배가 제 아무리 크다고 해도 대양만큼 크지 않다. 가끔 대자연의 숨겨진 모습 때문에 다들 곤욕을 치르곤 한다. 높은 파도에 멀미가 심해지는 날이면 일은 물론 일상적 생활도 쉽지 않다. 배의 중심부에 있고 창문도 있는 5층 갑판 로비는 상대적으로 파도의 영향을 덜 받는 휴식처다. 11일간의 항해 기간에도 매일같이 바닥에 펼쳐지는 베개와 이불 그리고 그 위에 누워 있는 사람들의 풍경은 난민촌을 떠올리게 한다. 이렇게 연약한

400여 명이 모인 오래된 배가 10일 이상 항해해서 대서양을 건넜다는 사실이 신기하기만 하다.

어느덧 10일이 지나고 마지막 반나절을 남겨 둔 날, 오랜만에 육지를 볼 수 있다는 생각 때문에 잠을 이루지 못하다가 겨우 잠이 들었다.

'끼익 끼익'

흔들리는 파도의 영향으로 갑판과 갑판이 맞물리는 소리도 자장가 소리처럼 들렸다. 대서양을 건너는 우리의 11일간의 항해는 그때까지는 그렇게 순조롭게 끝나는 것 같았다.

'우당탕!'

들려오는 큰 소리와 함께 눈을 뜬 나는 직감적으로 심상치 않은 일이 일어났다는 것을 느꼈다. 나는 2층 침대에서 떨어졌다. 나는 겨우 일어나 불을 켰다. 2층 갑판에 있는 우리 캐빈에는 창문이 없기 때문에 시계를 보지 않으면 낮인지 밤인지 분간을 할 수 없기 때문이다. 새벽 3시 30분.

"LJ, 괜찮아?"

"응. 난 괜찮아. 루크 넌?"

서로의 안부를 확인한 후, 좌우로 크게 흔들리는 배의 상황을 인지하고 5층 갑판으로 빠르게 이동했다. 몇몇 크루가 서로의 안부를 확인하며 모여들고 있었다. 잠잠해지기 전까지는 안전한 곳에서 몸을 사리는 것 외에는 달리 방법이 없다. 항해를 하기 전에 모든 물건을 동여매고 단단히 고정하는 이유를 알 것 같았다. 다행스러운 것은 상황이 오래 지속되지 않았다는 것이다. 아찔한 순간이었다.

배가 다소 안정을 찾고 난 후에야 주변 상황을 돌아볼 수 있었다. 전해 들은 말에 따르면 배가 30도 가까이 기울었다고 한다. 3층 창고, 4층 갑판의 서점에 있는 수천 권의 서적들이 선반에서 떨어져 산을 이루고 있었다. 5층 사무실에 있는 컴퓨터와 전자 기물이 많이 파손됐고 6층 식당에 있는 접시와 컵도 바닥에 엎어져 깨졌다. 다친 사람이 하나도 없었다는 것이 그저 감사할 뿐이었다.

환경적인 요인과 사람의 실수가 더해져 발생한 일로 밝혀졌다. 이렇게 우리는 11일간의 대서양 횡단을 무사히 마쳤다. 우여곡절이 있긴 했지만, 바다를 건너는 경험을 통해 '인생은 계획한 대로 흘러가지 않는다.'는 사실을 깨달았다. 이후로도 로고스호프와 함께한 항해와 사역들에는 잡음이 끊이질 않았다. 하지만 서로 돕고 이해하고 용서해 주고 품어 주는 사람들이 곁에 있어서 결코 외롭지 않았다.

만나고 헤어지고,
다시 만나고

2015년, 로고스호프에 승선하기 전 난생처음으로 나 홀로 여행을 떠났다. 커피 사업을 하겠다는 목표를 달성하기 위해 2년 동안 준비를 한 끝에 다니던 회사를 그만두고 가장 먼저 계획한 것은 유럽 여행이었다. 커피의 르네상스를 꽃피운 유럽의 역사 깊은 카페들을 방문하면서 현지 커피인들과 소통하고 견문을 넓혀 작지만 탄탄한 카페를 운영해 볼 생각이었다. 여행은 순탄했다.

여행을 가 본 사람들은 알겠지만 여행은 불확실성의 연속이다. 가끔은 계획하지 않은 일이 놀라운 선물을 가져다 주기도 한다. 스페인 남부 도시인 세비야의 게스트하우스에서 만난 친구들이 그랬다. 혼자 하는 여행에 조금은 지쳐갈 때쯤, 3명의 친구를 만났다. 변호사 일을 하는 미국 친구, ABC방송국의 리포터로 일하는 친구, 스페인에서 이벤트를 기획하는 일을 하는 친구와 함께 낭만의 도시 세비야를 둘러보며 우리는 여행 친구가 됐다. 그 덕분에 스페인, 세비야는 나에게 잊지 못할 특별한 장소가 되었다. 아쉬움을 뒤로 한 채 우리는 서로 작별 인사를 나눴다.

"언제가 될지 모르지만, 다시 만나자!"

솔직히 언제 다시 만날지 모르는 인연이지만 습관처럼 인사했다. 그 이후로도 많은 외국인 친구와 한국인 친구를 만났고 헤어졌다. 나는 2015년에 생각지도 못했는데 미국에 가게 되었고, 2016년에는 꿈속에서만 상상하던 아프리카를 가게 되었다. 아프리카라니….

2016년 로고스호프 아프리카 대륙 방문의 대미를 장식할 나라는 세네갈 옆의 섬나라인 스페인령 '테네리페'였다. 아프리카지만 마치 유럽과 같은 전혀 새로운 나라였다.

21세기를 살아가는 우리로서는 새로울 것도 없는 이야기지만, 1974년에 건조되어 리모델링을 거친 후 2009년에 출항을 시작한 로고스호프에서는 놀랍게도 인터넷을 사용할 수 있었다. 로고스호프는 매년 수십억의 유지관리 비용이 후원을 통해 운용되는 비영리 단체다. 호화로운 크루즈선과는 달리 제한된 예산을 아껴 집행해야 하기 때문에 위성 인터넷을 사용한다. 비록 속도는 느리지만 70%에 달하는 2000년 전후에 출생한 많은 젊은이를 포함한 400여 명의 크루들이 페이스북, 인스타그램 등을 활용해 후원자들과 소통하고 로고스호프의 홍보 채널로도 활용했다. 나 역시 같은 이유로 페이스북과 인스타그램을 활용했다. 이때 페이스북에 익숙한 이름과 사진의 게시물이 눈에 띄었다. 세비야에서 만났던 제니였다.

'제니?! 진짜 반갑다. 응? 결혼?! 진심으로 축하해.'

알고 있는 사람들의 소식을 알게 되는 것은 덤으로 얻는 기쁨 중 하나다. 때로는 그 소식들이 또 다른 기쁨을 줄 수 도 있다는 걸 알게 됐다.

'뭐? 신혼여행을 마치고 테네리프로 온다고?'

나는 메신저를 이용해 메시지를 보냈고, 1년 만에 대화를 나누게 된 우리는 다시 만날 생각을 하며 들떠 있었다. 테네리프 출신의 남편을 만난 제니는 신혼여행을 마치고 남편의 고향인 테네리프에 정착하러 온 것이었다. 항구를 떠나기 3일 전, 제니는 로고스호프를 찾아왔고 나는 기대는 했지만 절대로 만날 수 없으리라 생각했던 여행 친구를 그렇게 다시 만났다. 로고스호프를 구경시켜 주면서 자연스럽게 하나님에 대한 이야기, 어떤 삶을 살 것인지에 대한 이야기를 나눴다. 그 덕분에 나도 3일 동안 현지인들의 삶을 들여다볼 수 있는 기회를 얻었다.

사람은 언제 어디서 어떻게 다시 만날지 모른다는 말은 사실이다. 제니와의 재회를 떠올리며 들었던 생각은 '적을 만들지 말아라.', '마무리를 잘해야 한다'는 것이다. 이 말은 삶의 지혜일 뿐 아니라, 그리스도인으로서 '우리가 만나고 있는 사람들을 어떻게 대하는가?'는 생각하는 것보다 훨씬 더 큰 가치를 지니고 있다.

항구를 이동하며 찾아오는 것은 이런 놀라운 만남의 연속이다. 매 순간 복잡미묘한 감정이 몰려온다.

처음 유럽 행 비행기를 타고 이탈리아 밀라노에 도착했을 때, 꿈에 그리던 축구의 본 고장인 영국 런던에 도착했을 때, 계획에도 없던 북유럽을 향해 날아가면서 그리고 아프리카, 캐리비안, 중남미를 로고스호프와 함께 방문하면서 내내 혼자 중얼거렸던 말은 '내가 진짜 여기 왔구나!'였다.

새로운 대륙, 나라와 장소를 방문한다는 것은 놀라운 일이다. 하지만 더욱 놀라운 것은 그곳의 사람들을 만나고 알게 되는 것이다. 로고스호프에서는 현지 사람들을 더 깊이 알 수 있고, 그들의 자연스러운 민낯을 볼 수 있다. 이곳에서 느끼는 감동의 깊이는 말로 표현하기 어렵다.

기본적으로 로고스호프는 선발대가 조사를 통해 알아낸 방문국의 필요에 따라 각 부서에서 다양한 방법으로 사역을 기획·준비한다. 겉으로는 보이지 않는 많은 수고와 노력이 따른다.

400여 명의 크루들과 개인적으로 나눈 이야기들, 그 소중하고 특별한 만남을 통해 새롭게 만들어지는 희망의 이야기들은 나의 무료했던 삶을 완전히 바꿔 놓았다.

하지만 우리 인간은 위대한 자연 앞에서 한낱 미미한 존재일 뿐이기 때문에 먹을 것, 입을 것, 잘 장소와 안전을 걱정하지 않고 생활할 수는 없다. 이기적적인 삶이 가능했던 것은 기도, 현물로 후원하는 후원자와 교회, 기관들 덕분이다. 돈을 주고 살 수 없는 희망의 메시지를 현지인들과 나눌 때 느껴지는 감동은 그 어떤 말로도 설명하지 못한다. 함께 울고 웃으며 피부색도 언어도 다른 사람들이 한 명의 친구로, 가족으로 변화되는 것을 볼 때면 마음이 겸손해진다.

사실 지식, 도움과 희망을 나누는 것은 로고스호프만이 아니다. 가나의 첫 항구를 떠나기 전 배의 후미에서 옹기종기 모여 손을 뻗고 우리를 위해 기도해 주던 사람들, 항구마다 자신의 시간을 내어 함께 협력해 주는 100여 명의 현지 자원봉사자들은 우리 마음을 더욱 따뜻하게 채워 준다. 어느 곳에 가도 만날 수 있는 한국인들은 또 얼마나 라면과 김치를 가져다 주시는지….

놀라운 자연과 관광 명소보다 그 나라를 특별하게 만드는 것은 사람이었다. 절망에 빠진 사람에게 손을 내미는 것도 사람이었다. 하나님은 지금도 그렇게 한 사람을 통해, 한 사람을 위해 일하신다는 사실을 알게 되는 순간이다.

헤어짐의 순간은 늘 아쉽고 슬프지만 다시 만날 것을 알기에 만남을 소중하게 생각하려고 노력한다. 오늘도 만나고 헤어지고 다시 만난다.

카리브해 바베이도스에서
도진 섭섭병

2017년 사진작가로서 방문했었던 캐리비안의 바베이도스를 PST 동기인 산드라와 마고, 두 프랑스 여인과 함께 마지막 선발대 프로젝트로 맡았다. 로고스호프가 너무 잘 알려져 있는 나라이고 3년 전 방문한 적이 있기 때문에 마음이 조금 놓였다.

'마지막은 이렇게 수월하게 마치는 건가?'

순간 인간적인 마음이 스쳐 지나갔다. 내가 조금 안다고 생각하는 순간 가장 많은 것을 놓치기 시작하고, 사실은 가장 몰랐던 순간이 그때였음을 나중에 알게 된다. 나의 마지막 선발대 프로젝트 바베이도스가 그런 곳이었다.

시작부터 여권 갱신 문제로 두 프랑스 여인을 먼저 바베이도스로 보내야 했고 며칠 후 나는 홀로 바베이도스 행 비행기에 올랐다. 그 정도 변수는 내성이 생겼는지 이상하리만큼 스트레스보다는 되려 설레는 마음이 들었다.

에이전트와 함께 항구 및 정부 관계자를 만나고 현지인을 만나며 준비하는 과정이 조금 더디긴 했지만 순조로운 듯했다. 산드라와 마고, 현지 대표 알띠아와의 관계도 큰 어려움 없이 원만했다. 척하면 착, 원 투 하면 쓰리 포, 이렇게 팀 워크도 아주 잘 맞았다.

그러던 어느 날, 앞으로 다가올 2020~2021년 유럽 방문을 앞두고 라인업 컨퍼런스가 열리는 날짜가 다가오고 있다는 것을 알고 매니저와 통화를 하고 있을 때였다.

"샌더, 다음 주에 라인업 컨퍼런스가 있는 것으로 기억하는데 설마, 누군가는 남아야 하는 것 아니지? 지난번처럼 모두 다 모이는 거지?"

"음… LJ, 넌 바베이도스에 남아 있어야 할 거야."

그 말이 왜 그리 섭섭하게 들렸던 것일까? 회의만 하기 위한 모임이 아니라는 기대, 일년에 한 번밖에 없는, 팀 전체의 단합과 친목을 도모할 수 있는 기회라는 기대, 새로운 선발대로 합류한 루키들과 마지막 시간을 기존 동료들과 보낼 수 있을 것이라는 기대, 얼마 남지 않은 오랜 친구들과 한 번 더 시간을 보낼 수 있을 것이라는 기대가 모두 물거품이 된 순간이었다. 순간 그토록 유명하다는 '섭섭병'이 찾아왔다.

프로젝트팀장이었던 산드라에게 따로 섭섭한 마음을 털어놨다. 고맙게도 나의 '논리'를 감사하게도 경청해 준 그녀는 매니저와 다시 상의해주었다. 하지만 결론은 '머물러야 한다'였다.

며칠 후 산드라와 마고는 라인업 컨퍼런스를 위해 로고스호프가 정박 중인 트리니다드로 출국했고 나는 홀로 남겨졌다. 슬럼프에 빠졌다. 섭섭병이 가시지 않았다.

'왜 나에게 이런 일이?'

아는 사람들은 알겠지만, 섭섭병이 들면 모든 초점은 나에게로 수렴한다. 그리고 내면에서는 '불쌍한 나 만들기' 잔치를 벌인다. 별의별 생각이 다 들었다.

'비행기 값이 얼마지? 300달러? 내가 300달러의 가치도 없는 존재인 것인가? 곧 집에 갈 사람이라고 홀대하는 건가? 나는 그들에게 어떤 사람으로 비춰지고 있는 것인가? 어떻게 미안하다는 말, 함께할 수 없어서 안타깝다는 말 한마디 없는 것인가?'

기도를 해도 이 마음은 누그러지질 않았고, 되려 분노의 마음이 솟구쳤다. 불합리하다는 생각이 들었다. 그야말로 슬럼프였다. 일이 손에 잡힐 리가 없었다. 3일 정도는 제대로 일을 하지 못했다.

그런 순간에도 하나님은 손을 내미셨던 것 같다. 집으로 돌아가는 한국 친구 1명이 경유지인 바베이도스에서 3일을 지내야 해서 나에게 도움을 청해왔고, 교육청 사람과 선약이 잡혀 있고 차량도 없던 나는 선발대를 돕는 이사회 구성원인 지아드, 니시린 부부에게 픽업을 부탁했다. 그들은 부탁을 흔쾌히 들어줬다. 그들은 내게 안부를 물었다. 하지만 나는 평소처럼 잘 지낸다고 대답할 수 없었다.

"LJ, 괜찮으면 오늘 저녁 우리 집에서 같이 식사 같이할 수 있을까?"

그날 저녁 지아드, 니시린 부부는 맛있는 집밥으로 내 허기를 달래주었다. 인내심을 갖고 내 불평, 불만, 섭섭함을 들어줬다. 그리고 며칠 전 비슷한 '섭섭병'에 걸렸던 본인의 이야기를 들려주었다. 나는 격려를 받는 동시에 생산적인 꾸지람을 들었다.

"LJ, 이사회의 구성원으로서 로고스호프 방문과 관련한 질문이 생기면 난 경험 많은 선발대의 도움이 필요해. 난 회사의 사장으로서 현장에 일이 필요하면 제일 믿음직한 직원을 내보내지. 난 네가 남은 이유가 중요한 임무를 다할 믿음직한 사람이기 때문이라고 생각해. 그리고 우리가 하는 이 일은 어떤 사람의 이름을 남기기 위한 일이 아니지. 하나님은 지금도 중심을 보고 계시고 판단도 그분의 영역이라 생각해. 그러니 맡은 일을 성실히 잘해 준다면 이사회 구성원으로서 참 고맙겠어."

3일 후, 스폰서 계약 4건을 성사시켰고 관공서와의 모임, 공식 일정에 대한 초청장도 제시간에 전달됐다. 한국으로 돌아가며 경유지로 바베이도스를 방문한 친구와 '의미 있는 시간'을 충분히 보냈고, 내 마음에 찾아왔던 '섭섭병'도 자연스레 떠나 보냈다.

산드라와 마고는 일주일 후 돌아왔고 우리는 여전히 고점과 저점을 오가며 롤러코스터를 타는 듯한 선발대로서의 경험을 이어나갔다. 원래도 변화무쌍한 것이 다반사지만 도착 예정일

3일 전을 기점으로 수많은 변화가 이메일과 핸드폰 사이를 오갔다. 예정 정박 장소에 로고스호프가 머물 수 없다는 청천벽력 같은 소식, 그 어떤 곳에도 머물 수 없다는 부정적인 소식이 들렸다. 바베이도스 방문이 자칫 취소될 수 있었다. 기적적으로 장소 하나가 생겼다는 소식, 여객선 부두에서 발생한 교통사고 사망사고로 모든 출입 절차가 강화된다는 소식, 셔틀버스를 구하지 않으면 방문객을 받을 수 없다는 소식 등 하루가 멀다 하고 들려오는 새로운 소식들은 한 치 앞을 내다 볼 수 없었다.

기도로써 하나님 앞으로 더 가까이 갈 수밖에 없었다. 그 와중에 진행된 기자회견 역시 교육부 장관의 행사에 관심을 뺏기는 바람에 단 한 명의 기자도 나타나지 않는 초유의 사태를 겪었다. 하지만 스폰서 호텔의 도움과 배려로 제2의 기자회견을 통해 대중매체에 보도될 수 있었다. 로고스호프 바베이도스 방문과 관련된 세부 사항의 변화는 일종의 '노이즈 마케팅' 효과를 가져왔다.

그렇게 로고스호프는 우여곡절 끝에 또 한 번 2020년 1월 31일 바베이도스에 무사히 도착했다. 여전히 선발대는 사역을 진행하기 위해 이곳저곳을 뛰어다니며 고군분투했다. 우아하게 떠 있는 백조의 보이지 않는, 물 밑의 다리처럼 끊임없이 움직여야 했다.

보이지 않는 손은 경제 개념 속에만 존재하는 것이 아니었다. 대부분 보이지 않지만, 분명히 알 수 있는 것은 수많은 스폰서와 파트너, 기도 그리고 무엇보다 그 기도와 노력을 아시는 하나님은 지금도 일하신다는 것이다.

번아웃,
탈진

사람마다 견딜 수 있는 한계선이 있다. 육체적인 피로에 기도하고 때로는 감정, 영적인 소모가 너무 커서 그 선을 넘는 순간이 찾아오기도 한다.

6개월간 생전 처음으로 포르투갈어 문화권에서 큰 책임을 짊어지고 준비한 일, 시끌벅적했던 브라질에서의 첫 항구 미션을 마친 것, 세 번 연속으로 체인지오버 포트를 하면서 가까운 친구들과 좋아했던 친구들을 보내는 이별을 반복해온 것이 나도 모르게 충격으로 쌓였던 것 같다.

"샌더, 내 마지막 프로젝트는 체인지오버 항구를 좀 피해서 넣어주면 안 될까? 새 친구들을 알아갈 수 있는 에너지가 완전히 방전된 것 같아. 다음 프로젝트까지 사람을 볼 수 없는 곳에서 일하고 싶어. 화장실 청소도 좋고, 유지보수팀이나 엔진팀에서 기름칠하는 일도 좋아."

매니저에게 한 부탁이었다.

"LJ, 일단 푹 쉬고 이야기하자. 휴가 때 아무 생각하지 말고 푹 쉬어. 더 필요하면 추가 휴가도 줄 수 있으니까 문자나 이메일로 알려만 줘. 무척 수고했으니 먼저 푹 쉬고 나중에 이야기하자."

프로젝트가 끝난 후 일주일 휴가를 보내면 곧 잘 회복되는 것을 몇 번 경험했기에 매니저 말대로 먼저 휴가를 잘 보냈다. 자연에서 산책도 하고 성경책, 소설책도 읽고 늦잠도 자고 음악도 듣고 기도도 하며 시간을 보냈다. 하지만 일주일 후에도 왠지 모르게 지친 마음은 회복되지 않았다. '추가 휴가를 쓸까' 하는 고민도 했지만, 매니저의 배려로 엔진팀 소속의 유지보수 팀원들과 육체노동을 하며 지친 마음을 다스려 보기로 했다.

캐나다에서 온 50대 모리스 아저씨와 함께 녹슨 창틀의 녹을 벗겨내고 새 페인트를 입힌 후 1cm 두께의 유리창을 제자리에 끼워 넣는 일을 했다. 먼지, 철 가루, 녹을 뒤집어쓰면서 일했다. 참 익숙한 냄새가 났다. 어린 시절 주물 공장에서 성실하게 일 하시던 아버지에게서 맡던 향수 어린 냄새였다. 아버지가 보고 싶었다. 덮어 두었던 그리움과 외로움이 몰려왔다.

감사하게도 하나님은 나를 혼자 내버려 두지 않으셨다. 남

아공에서 온 베이넌, 한국에서 온 현아, 경윤, 성우, 미국에서
온 마이크, 스웨덴에서 온 아멜리까지 성명과 국적을 불문하고
눈물이 흐를 때 함께 울고 웃음이 터질 때 함께 웃을 수 있는 귀
한 사람들을 붙여주셨다.

　간과하기 쉽지만 롱런하는 데 필요한 것 중의 하나는 절절
한 쉼이었다. 그래서 로고스호프의 크루들은 최선을 다해 사역
하고 기도하는 만큼 각양각색의 나라들을 방문하는 즐거움을
누리는 한편, 적절한 휴식을 하려 애쓴다. 정말 최선을 다해 논
다. 로고스호프에 승선하기 전에는 왠지 모르게 선교사님들은
즐거움도 포기하고 고생만 하는 사람인 줄 알았다. 그렇게 살
아야만 하는 줄 알았다.

　'100% 힘을 쏟아 헌신하기 위해서는 100% 잘 휴식해야 합
니다.'

　번아웃을 겪으면서 선배 선교사님이 해 준 조언이 생각났
다. 1,000% 동의한다. 하나님이 주신 놀라운 자연과 인간을 통
해 허락하신 문명을 누리는 것이 죄는 아니다. 다만 중심을 잘
지키는 것이 중요할 뿐이다.

코로나 바이러스,
패러다임의 변화

2020년 누구도 경험하거나 예상하지 못한 코로나19 바이러스 대유행이 전 세계를 강타했다. 처음에는 중국에서 발생했다는 소식이 들리고 곧 잠잠해질 것이라 지레짐작했었다. 2020년 2월 로고스호프는 자메이카에서 새로운 크루 80여 명을 다시 맞이하며 다가오는 2년을 준비하고 있었다. 마지막 프로젝트를 마친 나는 휴가를 통해 친구들과 못다 한 시간을 보내고, 막 교제를 시작한 여자 친구 아멜리와 배를 방문한 가족들과 함께 보내는 시간에 집중하며 이미 다가온 변화의 순간을 마주하고 있었다. 여자 친구, 여자 친구의 가족, 선상 생활의 마무리, 귀국 등 이미 생각할 것들이 가득 차 있던 상황에서 중국 우한에서 발발한 코로나19 사태는 그저 지나가는 감기 정도로 여겨졌던 것 같다. 하지만 2월 중순, 내 고향 대구가 신천지로 인한 코로나 바이러스 대유행의 중심지로 변하면서 '유명세'를 타기 시작했다. 로고스호프에서도 기도 제목으로 코로나19 바이러스에 대한 심각성이 공유되고 크루들은 함께 기도했지만 얼마 지나지 않아 세계적인 대유행으로 번져나가기 시작했다. 인터넷으로 접하는 뉴스에서는 거리에 사람을 찾아볼 수 없다는 이야기와 마스크대란이 일어나고 있다는 소식이 나와 있었다. 또 일부 국가에서는 사재기 문제로 휴지가 없다는 소식까지, 도대체 이게 무슨 일인가 싶은 현상이 일어나고 있었다.

3월 중순이 넘어가자 상황은 더 심각해지고 있었고 로고스 호프가 방문할 때마다 방문객이 차고 넘치도록 밀려오던 자메이카는 어느 곳보다 한산한 방문국이 되어 있었다. 얼마 지나지 않아 이탈리아와 스페인을 비롯한 많은 유럽 국가와 하루에 수십만 명의 확진자가 나오는 미국의 상황도 갈수록 심각해져 갔다. 국경은 닫히고, 대부분의 항공 편이 취소되는 초유의 사태가 벌어졌다. 물론, 세계적인 바이러스 대유행의 여파로 로고스호프 역시 외부 사역 중단이라는 결정을 내릴 수밖에 없었고 2020~2021년 예정되어 있던 로고스호프의 유럽 방문도 무기한 연기되었다.

"비록 무화과나무가 무성하지 못하며 포도나무에 열매가 없으며 감람나무에 소출이 없으며 밭에 먹을 것이 없으며 우리에 양이 없으며 외양간에 소가 없을지라도 나는 여호와로 말미암아 즐거워하며 나의 구원의 하나님으로 말미암아 기뻐하리로다. 주 여호와는 나의 힘이시라 나의 발을 사슴과 같게 하사 나를 나의 높은 곳으로 다니게 하시리로다."[하박국 3:17-19]

미리 사둔 비행기 티켓은 종잇조각이 되어, 물질적으로 부족한 선교사의 형편에 큰 타격을 줬지만 어찌 할 방도가 없었다. 중남미에 새로 생긴 가족들을 며칠씩 만나고 한국으로 돌아가고 싶었지만 변화한 환경은 나에게 그 기회를 허락하지 않았다. 정든 로고스호프를 떠나 우회하지 않고 한국으로 돌아오는 항공 편도 4번이나 취소한 끝에 가까스로 찾아내어 2020년 3월 28일 비행기에 오를 수 있었다. 지구 반대편에 있는 자메이카도 술렁이는 모습이 역력했다. 자메이카 킹스턴 공항의 항공편 게시판에도 모든 항공편이 결항되거나 취소되고 내가 탑승하기로 한 항공 편만이 열려 있었다. 미국 뉴욕을 경유해서 러시아 모스크바를 지나 인천공항으로 돌아가는 여정이었는데 공항에 도착할 때마다 생전 처음 보는 광경들이 눈앞에서 펼쳐지고 있었다. 머리끝부터 발끝까지 방호복을 입고 마스크에 수경까지 쓴 사람들이 공항에서 사람들을 의식하면서 뚝뚝 거리를 띄워 앉아 있었고, 복잡하던 공항들은 한산했으며, 빨간색으로 결항이 표시된 항공 편을 스크린에서 찾아보는 것은 그리 어렵지 않았다. 30시간 이상 장갑과 마스크를 끼고 있으려니 죽을 맛이었다. 숨이 턱턱 막히는 마스크와 방호복을 입고 수고하는 의료진의 고충이 충분히 상상되었다. 내 고국인 한국에 도착했다는 기쁨은 뒤로하고 2주 동안 자가 격리를 하며 시간이 멈춘 것 같은 기분 속에서 시차 적응을 했다. 잠을 자고 쉬면서 할 수 있었던 일은 팬데믹 상황과 로고스호프 사역을 비롯한 선교사님들의 상황을 두고 기도하는 것 밖에는 없었다.

어느 나라 할 것 없이 전 세계 모든 장소에서 코로나19라는 거대한 바이러스의 파도를 맞이하고 있는 가운데 1년 이상 우리는 새로운 일상을 보내고 있다. 마스크 없는 일상은 생각할 수 없는 일이 되었고 사람들이 모여드는 곳은 피하라는 안내를 이곳저곳에서 접할 수 있다. 여기저기 볼멘 소리를 하면서도 새로운 일상은 어느덧 익숙해진 모습으로 자리를 잡아가고 있다.

로고스호프는 바하마스 방문 취소, 유럽 방문 취소라는 결정이 내려졌지만 감사하게도 항구 밖의 바다 한가운데 닻을 내리고 대기하는 다른 선박들과는 달리 자메이카 시멘트 공장 항에 머무를 수 있었다. 기도하던 중 1년째 태풍으로 인한 피해를 복구 중인 바하마스 아바코 섬에 다른 NGO 선박과 함께 그들을 도울 수 있는 기회가 생겼다. 그 와중에도 감사히 협력할 수 있는 길이 열렸다. 얼마 전에는 화산의 급작스러운 폭발로 큰 피해를 입은 세인트빈센트에 부족한 식수를 공급해주며 조금이나마 할 수 있는 사역들을 이어가는 한편, 온라인 프로그램에 참여하거나 기도하는 시간을 가지며 코로나19 상황을 함께 극복해 나가고 있다.

완전히 축이 옮겨져 버린 것 같은 코로나19 시대 그리고 이후에 올 시대에 우리가 할 수 있는 일은 이전과 다른 것임이 분명하지만 지금도 앞으로도 우리에게 필요한 것은 희망이다. 어제도 오늘도 내일도 희망의 메시지를 변함없이 주시는 하나님과 함께 또 걸어본다.

새로운 꿈,
새로운 도전

로고스호프 선교 후 1년. 뭐하고 지내느냐는 질문을 가장 많이 받았다. 나 자신에게 질문도 많이 했다. 코로나19로 모든 것이 변한 한 치 앞을 예측할 수 없는 일상에서 무엇을 할 수 있을까?

사회 경력은 5년 이상 단절되었고, 모아둔 자산은 없으며, 예전처럼 독립적으로 살아갈 힘은 사라졌다는 생각이 들자 마음이 편하지는 않았다. 부모님의 염려와 가족, 친구들의 시선이 고마우면서도 부담스러웠다. 수많은 고층 빌딩과 최첨단 기술을 자랑하는 자동차와 모바일 기술의 향연들이 때로는 자신을 시대에 뒤떨어진 사람처럼 낯설게 만들었다.

하지만 지난 5년을 돌아보면서 새 희망이 다시 솟았다. 하나님께서 얼마나 신실하게 나로 하여금 수많은 기적의 순간으로

꽉꽉 채워진 경험을 하게 하셨는지 생각해보니 두려움은 다시 사라졌다.

커피를 좋아해서 여행을 가게 되었고 그 덕분인지 로고스호프를 만나 도전받고 결단을 내렸다. 의미 있는 발걸음에 도움을 주신 후원자분들과 함께 세상을 섬기면서 돌아봤다. 이어갈 수 없을 것 같았던 커피는 생산지에서 만난 현지 친구들이 가족이 되면서 오히려 커피를 주제로 하여 함께 나눌 수 있는 이야기가 더 늘어났다. 로고스호프에서 커피클럽을 만들면서 좋아하는 일을 하며 선교적인 삶을 사는 것을 꿈꾸는 사람들을 만났고 지금도 구성원들과 때때로 소통하며 꿈을 응원한다.

다시 커피로 만들어 갈 사역을 꿈꾸고 있다. 내가 좋아하는 것을 좋아하는 사람들과 소통하며 섬기는 일을 이어가고 싶고 팀을 꾸려 함께 일할 수 있다면 참 좋을 것 같다. 먼저 지식과 전문성을 갖추고자 아라비카 q-그레이더(커피 감별사) 자격증을 취득했다. 사람만큼이나 다양한 커피를 맛보고 분석하고 골라내는 일이 참 매력적이다. 이 과정에서 만난 동기들은 어느덧 든든한 지원군이 되어 서로 도움을 주고받는다. 자메이카와 아이티에서 만났던 생닭 회사의 사장님처럼 언젠가 아이티와 미얀마에서 커피 농장을 운영하고 싶고 지속 가능한 선교의 모델을 만들어 갈 계획을 가지고 있다.

현실적으로는 오랫동안 알고 지낸 교회 형이 운영 중인 카페에서 일하면서 매장 운영과 관리 전반에 대한 부분을 배우고 커피를 로스팅하는 방법까지도 연습·실습하고 있다.

처음에는 한국에서 시작할 계획이었던 카페 선교는 스웨덴 사람인 여자 친구를 만나게 되면서 조금 변경되었다. 전혀 관심도 없던 스웨덴이라는 나라는 언제부턴가 제 2의 고향 후보지로 강력하게 급부상했다. 3개월 동안 여자 친구의 부모님을 비롯한 가족들과 부대끼며 살면서 경험한 일상을 통해 유심히 살펴본 스웨덴은 세계 최고의 복지국가라는 타이틀 뒤에 숨겨진 수백만의 난민, 청소년 자살 및 우울증 등과 같은 사회 문제를 두고 골머리를 앓고 있었다.

> "내가 너와 함께 있어 네가 어디로 가든지 너를 지키며 너를 이끌어 이 땅으로 돌아오게 할지라 내게 네게 허락한 것을 다 이루기까지 너를 떠나지 아니하리라 하신지라."[창세기 28:15]

어떻게 스웨덴 사람을 만나게 됐는지 모르겠지만 이 관계를 통해 스웨덴이라는 나라가 내 마음속에 들어왔다. 무엇을 어떻게 할 수 있을지에 대한 고민을 하면 시원하게 답할 수도 없는 내 형편이 답답한 적도 많다. 하지만 지난 날들을 돌아보면 가진 것이 넉넉하거나 갖춰진 것이 완벽해서 쉽게 된 적이 단 한 번도 없었다. 불안한 마음을 넘어서는 평안을 주는 약속의 하나님이 함께하신다는 말을 의지해 걸어간 믿음의 걸음을 통해 경험한 놀라운 일은 셀 수 없을 정도로 많다.

"모세가 대답하여 이르되 그러나 그들이 나를 믿지 아니하며 내 말을 듣지 아니하고 이르기를 여호와께서 네게 나타나지 아니하셨다 하리이다. 여호와께서 그에게 이르시되 네 손에 있는 것이 무엇이냐 그가 이르되 지팡이니이다."[출애굽기 4:2]

얼마나 많은 것을 가지고 있는지가 중요한 것이 아니라는 사실은 망각하기 쉽다. 누가, 언제, 어디서, 무엇을, 어떻게 하게 될 것인지에 대한, 로고스호프라는 선교지를 떠난 많은 젊은이가 고민하는 질문에 명쾌한 답을 가지고 있지 않다. 하지만 확실한 점은 하나님은 지금 이 순간에도 같은 질문을 하신다는 것이다. 네 손에 있는 것이 무엇이냐. 우리의 선교는 끝나지 않았다. 다시 시작되었다.

에필로그

OM(Operation Mobilization)은 '복음기동대' 외에도 숨은 뜻을 가지고 있다고 널리 알려져 있는데 대표적인 것이 바로 'OM(Operation Marriage, 결혼기동대)'다. 실제로 사역을 함께 하며 자연스럽게 친해지고 만나게 되고 결혼까지 이어지는 경우가 꽤 많은 OM 사역지에서는 우스갯소리로 '연애를 하려면 OM에 와야 한다'는 얘기도 들린다. 또는 사역을 마치고 돌아가는 미혼 사역자가 중요한 사역에 실패(?)했다는 이야기를 듣기도 한다.

모든 사역지에서 처음 1년간은 헌신한 일에 최선을 다하면서 우선순위를 지켜갈 것을 권장하고 실제로 초년 연애는 금지되어 있다. 마음이 연결되는 사람이 있다면 서로에게 집중하기보다 공동체 안에서 지켜보면서 안전하게 서로를 알아가기를 장려하고자 하는 의도다. 헌신한 지 1년이 지난 후에도 연애를 시작할 때는 공개연애를 함으로써 함께 생활하는 사람들이 오해하지 않고 서로 간에도 균형 있는 생활을 이어갈 수 있도록 돕는다.

개인적으로 선교지에 오기 전에 이별의 아픔을 경험한 사람으로서 시시때때로 밀려오는 아픔과 외로움에 많은 날을 힘들어했었다. 상처가 아물어 갈 때 마음이 연결되고 조금씩 알아가던 친구와 결국은 또다시 멀어지고, 그 과정을 겪으면서 3년 차에는 별의별 생각이 다 들었던 것 같다. 20대 초반의 사역자들이 주를 이루는 로고스호프의 특성상 30대 중반의 싱글남으로서 그 여파가 더욱 크게 느껴진 것일지도 모르겠다.

'하나님 기뻐하시는 일은 많이 이루셨지만, 여기 있는 하나님 아들은 기쁨을 잃어가네요.'

삐딱해진 채로 한숨 섞인 고백이 절로 묻어나오며 정신적·육체적으로 번아웃되었을 때는 정말 아무 것도 하기 싫었다. 아무 생각 없이 땀을 한 바가지 흘리고 나면 나아질까 싶어 매니저에게 부탁한 일은 지금 생각해도 잘 한 것이었다. 라인업(선발대)을 하며 수없이 울리던 핸드폰을 쳐다 볼 필요도 없었고 니들건과 그라인더를 가지고 배의 녹슨 창문을 갈아내고 새 페인트를 칠하며 하루하루를 보내다 보니 마음이 조금은 가라앉

았기 때문이다. 안타깝고 아쉬운 일이지만 '이러다가 혼자 사는 노총각이 되겠다' 싶은 생각도 넘어 누군가를 만나는 것을 포기하는 시점에 도달했다. 그러던 어느 날, 마법처럼 내 눈 앞에 나타난 스웨덴 사람 아멜리는 진정성 있고 꾸밈없는 모습을 보여 주었다. 그 모습이 너무 매력적으로 다가왔기에 우리 둘의 사이는 자연스럽게 가까워졌다. 낯을 많이 가리는 성격에 내성적이라 친한 사람만 가까이 하는 아멜리의 주변에는 한국인 크루가 많았고, 드럼을 공부한 경력이 있다는 점도 퍼커션 그룹에서 같이 활동했다는 점에서도 나와의 공통 분모가 컸다. 많은 시간이 지나서야 서로에게 고백한 말은 이미 배에서 1년 이상의 시간을 공동체 안에서 부대끼며 살면서 서로의 모습을 봐왔기에 가능했다. 다만, 가족도 만나서 대화도 해보고 싶고 서로의 나라를 방문해서 문화와 환경도 알고 싶은 마음이 컸지만 어려울 것이라는 생각에 고민이 생겼었다. 나이가 나이인 만큼 멀리 보는 것이 나에게는 어쩌면 자연스러운 것이었기 때문이다.

그런데 얼마 남지 않은 나의 선상 생활에도 불구하고 자메이카에 정박 중이던 배를 방문한 아멜리의 부모님과 오빠, 새 언니까지 만나 시간을 보내는 기회를 거짓말처럼 얻었고 2번째 방문이었던 나는 이미 알고 있던 지식으로 관광 가이드 역할을 자처하며 점수도 딸 수 있는 기회를 놓치지 않았다.

　로고스호프에서 4년간의 헌신을 마친 우리는 코로나19 상황에서도 스웨덴과 한국을 방문할 수 있는 기회를 얻었고 양가족과 함께 보내는 시간을 통해 더 큰 미래를 함께 준비하고 있다.

　누구나 그렇듯 나이가 들어가면서 아픈 날들이 올 것이고 힘든 순간이 있을 것이고 지치는 순간이 있을 것이다. 하나님을 믿는 사람도 자연의 섭리를 벗어나지 않을 것이기에 그 순간들은 쉽지 않고 스트레스도 많을 것이다. 하지만 로고스호프 선교를 하면서 경험한 늘 함께하시는 하나님이 이 모든 여정 가운데 홀로 내버려두지 않으신다는 사실은 가장 큰 격려다.

　OM의 또 다른 중요한 사역(?)도 성공적으로 하게 하신 하나님이 앞으로 어떤 일을 어떻게 하게 하실지 궁금하다. 문제는 계속 찾아오고 우리를 괴롭게 하겠지만, 문제보다 크신 하나님이 내 곁에 계셔서 정말 다행이다.

사진으로 보는
사역의 현장

60여개 나라에서 온 400여명의 기독교인들이 '지식, 도움, 희망을 나눕니다'라는 구호 아래 약 100만 권의 서적을 싣고 세계 각국을 방문하는 로고스호프는 '세계에서 가장 큰 선상서점', '떠다니는 UN'등의 별명을 가지고 있는 비영리, 비정부단체이다. 1970년 로고스호를 시작으로 둘로스, 로고스2호에 이어 2009년 4번째 선박 로고스호프가 항해를 시작했다.
2021년 현재 캐리비안에서 사역을 이어가고 있다.

1년에 한번 촬영하는 로고스호프 단체사진
콜롬비아 바랑끼야 항구 2018년.

승선에 앞서 예비크루들이 응급 상황에 대비하기 위한 생존기구를 사용하는 법을 훈련하고 있다.
자메이카 몬티고베이 항구 2020년.

라이프보트 훈련 후 보트를 청소하며 환하게 웃는 라켈(멕시코), 조나단(독일), 콜린스(파푸아뉴기니), 벤(폴란드), 젬마(남아메리카 공화국).
자메이카 2017년.

장애인을 위한 특별 개장시간을 맞아 방문한 한 방문객이 경영학 책을 읽고 있다.
바베이도스 플라워밀 항구, 2017년

장애인을 위한 특별 개장시간에 방문한 현지인 학생과 소통하며 책을 골라주고 있는 이엘린 (미국). 바베이도스 2017년.

티모(스위스)와 퍼커션 동아리가 현지인 어린이 초청 공연 중 돌발 상황으로 무대에 올라온 아이들과 눈을 맞추며 소통하고 있다.
아이티 2017년.

'세계를 만나다' 프로그램 중 퍼커션 동아리 크루들이 공연을 선보이고 있다.
트리니다스 앤 토바고 2017년.

단장 박필훈 목사와 크루들이 새로 지은 집을 케이샤와 함께 처음으로 공개하고 있다.
자메이카 킹스턴 2017년.

크루들이 YWAM 단체가 기증받은 건물을 수리, 보수하여 지역주민 공간으로 활용할 수 있도록
도색 및 전기 작업을 돕고 있다.
자메이카 몬티고베이 2017년.

로고스호프 선상에 있는 소극장에서 방문객을 대상으로 나니아 연대기 연극을 선보이고 있는 (왼쪽부터) 베이넌(남아공), 네이든(영국), 시나(독일), 엘사(페로아일랜드), 이지현(한국), 산드라(프랑스)

배를 방문한 코기부족 아이들이 크루들의 안내를 받아 성경 이야기를 듣고 있다.
콜롬비아, 산타마르타 2018년.

폭풍으로 인해 3층 갑판의 창고에 쏟아진 책더미 위에 누워 생각에 잠긴 렌스케(네덜란드)

입항일 새벽에 당일 방문국을 위해 기도하는 크루들의 모습
자메이카, 2020년

아프리카 가나의 테마항에서 합류하는 크루들의 해변 단체 사진.
가나 테마항, 2016년